世界中にたくさんいる
マクロビオティックが大好きなみんなのために
英訳のレシピを付けました。
美しい地球が愛と平和で満たされますように。LOVE．

Raising five children, I had to create dessert recipes that were both quick and easy to prepare.

The recipes collected here are therefore simple and fast.

Many friends shared their energy and enthusiasm to make this book possible.

    May you share the joy and inspiration we experienced in the kitchen

by making and sharing these recipes with your family and friends.

    And remember the secret ingredient in any truly sumptuous recipe is Love.   Deco

Copyright © 2005 deco nakajima
© 2005 PARCO CO.,LTD.

All rights reserved.
No part of this publication may be reproduced without
the written permission of the publishers

Published by PARCO CO., LTD.
15-1 Udagawa-cho,
Shibuya-ku, Tokyo. Japan

produce : elmer graphic
photography : takako hirose
food styling : mariko nakazato
edit : ryoko tanji
book design : minoli suzuki
english translation : yasufumi horie

中島デコのマクロビオティック

パン
と
おやつ

Macrobiotic Breads and Sweets from Deco's Kitchen

PARCO出版

　　　　身体においしい　パンとおやつ

おやつって、心をホッとさせてくれるよね。
疲れたときも、ちょっとひと息つきたいときも、甘いものがあるとうれしいし、
デザートがあると、みんなの気持ちが和むでしょ。
おやつやデザートって人生に必要不可欠なものって気がする。

でも、真っ白なお砂糖がたっぷり入ったお菓子は、
たくさん食べると身体が冷えるし、
消化吸収するときに身体からカルシウムを取っていっちゃうんだって。
それと、卵や乳製品も食べすぎると胃腸が重くなって、
なんだか血液の流れがサラサラじゃなくなる感じがしない？

よーく身体に聞いてみると、すごく喜んでいるとは言えないような気がするよね。
美容にだって悪い。
最近、卵や乳製品のアレルギーの人が多いのも、
お母さんや、そのまたお母さんの代から必要以上に食べすぎてきてしまったから、
身体が「もう食べないで！」って教えてくれているんじゃないかなぁって思う。

その点、マクロビオティックのお菓子やパンは、
お砂糖も、卵も、バターも、牛乳も、生クリームも、チーズも全然使わないから安心。
甘みは、レーズン、干し杏、干しりんご等のドライフルーツや、
生のフルーツや、ジュース。
ミネラルたっぷりの米あめや麦あめやメープルシロップやてんさい糖。
それと自然海塩を少なめに使って、粉やナッツの素材の甘みを引き出している。

白砂糖でつくったお菓子を食べつけている人が、
はじめてマクロビオティックのお菓子を食べると、
「あれっ?」って思うかもしれないけれど、よくかみしめてみてね。
素朴でやさしい甘みや素材そのもののおいしさが口の中に広がって、
身体が喜んで、身体の内側から元気が出てくるはず。
ね。これなら、ちょっとぐらい食べすぎちゃってもよさそうでしょ?

この本では、そんな身体にやさしい、そして心にうれしいパンやおやつをたくさん紹介している。
どれも5人の子どもたちを育ててきたなかから生まれた、とっておきのおいしいパンやおやつたち。
しかも、ものぐさな私でもつくれる、簡単お気軽レシピになっている。
つくってみてもらえると、うれしいな。

DECO

おやつをつくるのって楽しい。

食べてくれる人の笑顔を思い浮かべてつくると、

つくっているときからあったかい気持ちになる。

あったかい気持ちでつくると、お菓子がもっとおいしくなる。

Contents:Sweets

❧ りんごの甘みでつくるノンシュガーのおやつ
アップルパイ……6
アップルスパイスパウンドケーキ……8
アップルクリスプ……10

❧ 旬の野菜を味わうおやつ
スイートポテト……12
パンプキンパイ……14
黒米ずんだ団子……17

❧ レーズンあんでつくる和のおやつ
おはぎ……18
いちご大福……22
桜もち……22
おやき……24
「レーズンあん」のつくり方……18

❧ お米の滋味をやさしく味わいたいおやつ
黒米がゆ　ココナツソースがけ……26
もち米とバナナのタイ風ちまき……28
玄米入りワッフル……29

❧ 雑穀でつくるボリュームたっぷりのおやつ
ひえと杏のケーキ……32
柿ともちきびのパイ……33
ココナツ入りもちあわドーナツ……34

❧ 米ぬかやきなこの素朴な味を楽しむおやつ
グラノーラ……38
ぬかチョコナッツバー……38
きなこババロア……39
梅あめ、レモンあめ、きなこあめ……41

❧ ナッツのコクが贅沢なおやつ
プルーンナッツバー……42
ピーナツバタークッキー……43

❧ 体を整える葛粉、寒天を使ったおやつ
水ようかん……44
柑橘のゼリー……45
おから抹茶ケーキ……46
みたらし団子……47

❧ 穀物コーヒーを使った大人味のおやつ
バナナケーキ……50
穀物コーヒーゼリー……50
ティラミス……52

❧ 豆腐が主役のヘルシーなおやつ
フルーツパフェ……56
いちごのアイスクリーム……57
いちごのショートケーキ……60
そば粉のクレープ……61
キャロブケーキ……62
「ポンセンクリーム」のつくり方……56

※この本で使用した計量の単位は、1カップは200ml、大さじ1は15ml、小さじ1は5mlです。
※つくり方に表示したオーブンの温度、焼き時間は、目安です。機種によって違うので焼け具合をみて調整してください。
※パンの目次は65ページにあります。

❧ りんごの甘みでつくるノンシュガーのおやつ

アップルパイ

ノンシュガーでもこの甘さ！
りんごは塩を少し加えるだけで最大限に
甘みを引き出すことができます。

INGREDIENTS ＊ (21cm pie dish)

CRUST
············DRY
- 200ml　Whole wheat flour
- 400ml　Unbleached white flour
- ½ tsp　Salt

············WET
- 100ml　Apple juice
- 100ml　Canola oil

FILLING
- 4　　　Apples (sliced)
- 　　　 Salt (to taste)
- 　　　 Cinnamon powder (to taste)

GLAZE
- 100ml　Apple juice
- 1 tbsp　Kuzu powder

METHOD

- Dip apples slices in salted water (1tsp salt and 200ml water). Place in saucepan and sprinkle with cinnamon. Simmer with lid on until tender.
- Combine dry ingredients.
- Add canola oil to dry ingredients and mix with hands. Then add apple juice gradually and mix until the pastry holds together.
- Line the base of a pie dish with half the pastry. Prick with a fork. Fill with apples.
- Roll out the remainder of the pastry. Cut into 2cm wide strips. Arrange in lattice pattern on top of apples and secure edges with a fork.
- Bake for 25-35 minutes at 180℃.
- Dissolve kuzu powder in apple juice and simmer until thick. Brush pastry.

材料　直径 21cm のパイ皿 1 枚分

りんご……4 個
＊塩水　┌ 水……1 カップ
　　　　└ 塩……小さじ 1
シナモンパウダー……少々
＊パイ生地　┌ 地粉……2 カップ
　　　　　　│ 完全粉……1 カップ
　　　　　　│ 塩……小さじ 1/2
　　　　　　│ 菜種油……1/2 カップ
　　　　　　└ りんごジュース……約 1/2 カップ
葛粉……大さじ 1
りんごジュース……1/2 カップ

つくり方

1　りんごは皮をむいて 16 等分のくし形に切り、芯を取って塩水にさっとくぐらせてから鍋に入れる。シナモンパウダーをふって弱火にかける。フタをしてりんごが半透明になるまで蒸し煮にする。

2　パイ生地をつくる。地粉、完全粉、塩をボールに入れ、菜種油を両手ですり込むように混ぜる。りんごジュースを少しずつ入れてこねないように生地をまとめる。

3　菜種油（分量外）を塗ったパイ皿に 2 のパイ生地の半分の量を麺棒で薄くのばして敷き、フォークでプツプツとさして穴をあける。

4　1 のりんごを 3 に広げ入れる。

5　残りのパイ生地を薄くのばし、2cm ぐらいの幅に切る。4 の上に網目状にのせ、ふちにものせて端をフォークの背で押さえて閉じる。

6　180℃に予熱しておいたオーブンで 25 〜 35 分焼く。

7　葛粉をりんごジュースでよくといてから中火にかける。透き通るまで菜箸でかき混ぜ、とろみがついたらハケで 6 の上に塗る。

DECO
このパイ生地は、ねかせる必要も、冷やす必要もなくて扱いが楽。
つくるのも簡単。パリパリと香ばしく仕上がるので、
ほかのいろいろなパイやタルトにも応用できるよ。試してみてね。

❦ りんごの甘みでつくるノンシュガーのおやつ

アップルスパイス パウンドケーキ

シナモン、しょうが、オールスパイスの
風味がりんごと好相性。
メープルシロップで甘みをプラスしています。

DECO
しっかり焼きしめるとおいしい。
パウンドケーキ型にこだわらず、
丸いケーキ型やパイ皿でもつくってみて。
オールスパイスやしょうが汁は
好みで量を調整してみてね。
りんごは紅玉などの薄い皮のもの
オーガニックのものなら
ぜひ皮つきで使おう。

材料 10×20×高さ6.5cmのパウンドケーキ型2台分

りんご……2個
*塩水 ┌ 水……1カップ
    └ 塩……小さじ1
*A ┌ 地粉……2カップ
   │ 完全粉……1カップ
   │ オートミール……1カップ
   │ 塩……小さじ1/2
   │ ベーキングパウダー……小さじ2
   │ シナモンパウダー……小さじ1/2
   └ オールスパイス……小さじ1/2
*B ┌ メープルシロップ……1/2カップ
   │ 菜種油……1/2カップ
   │ 豆乳……1/2カップ
   │ りんごジュース……1/2カップ
   └ しょうが汁……大さじ1/2
りんご（飾り用）……1個

つくり方

1 りんご2個の皮をむいて芯を取り、1cm角ぐらいに切って塩水にさっとくぐらせてからザルにあげておく（塩水はとっておく）。
2 Aの材料をボールに合わせる。
3 Bの材料を別のボールに入れ、泡立て器で混ぜ合わせる。
4 1、2、3を、こねすぎないようにざっくり混ぜ合わせる。
5 飾り用のりんごは皮をむいて8等分のくし形に切り、芯を取る。表面に3～4本切れ目を入れて塩水にくぐらせる。
6 菜種油（分量外）を塗ったパウンド型に4を入れ、5を飾って180℃に予熱したオーブンで30分焼く。さらに、アルミホイルをかぶせて200℃に温度をあげたオーブンで約10分焼く。竹串をさして生地がついてこなければ焼き上がり。

Apple Spice Cake

INGREDIENTS ✳ (two 10 × 20 × 6.5cm loaf tins)
CAKE
········· **DRY**
- 200ml Whole wheat flour
- 400ml Unbleached white flour
- 200ml Oatmeal
- ½ tsp Salt
- 2 tsp Baking powder
- ½ tsp Cinnamon powder
- ½ tsp Allspice

········· **WET**
- 100ml Maple syrup
- 100ml Canola oil
- 100ml Soy milk
- 100ml Apple juice
- ½ tbsp Ginger juice

FILLING
- 2 Apples (peeled, cored and diced into 1cm cubes)

DECORATION
- 1 Apple (peeled, cored and cut into 8 wedges)

METHOD
- Dip diced apple in salted water (1tsp salt and 200ml water).
- Combine dry ingredients in a bowl.
- In a separate bowl, mix wet ingredients.
- Mix dry and wet ingredients with diced apples.
- Pour batter into greased loaf tins. Decorate with apples.
- Bake for 30-40 minutes at 180°C.

❀ りんごの甘みでつくるノンシュガーのおやつ

アップルクリスプ

混ぜて重ねて焼くだけ、
とっても簡単なりんごのおやつ。
サクサク&とろり、くせになりそうな食感です。

INGREDIENTS ＊ (21 × 21cm baking dish)

CRISP
・・・・・・・・・DRY
200ml　Oatmeal
200ml　Unbleached white flour
100ml　Sunflower seeds
100ml　Walnuts (chopped)
2 tsp　Cinnamon powder
¼ tsp　Salt
・・・・・・・・・WET
50ml　Canola oil
50ml　Maple syrup
1 tsp　Vanilla extract
FILLING
2-3　Apples (sliced 5mm thick)
1 tbsp　Lemon juice
50ml　Kuzu powder (ground)
2 tsp　Cinnamon powder
100ml　Raisins (chopped)
1 tsp　Salt

METHOD
● Combine wet ingredients.
● Mix dry ingredients. Stir wet ingredients taking care not to make sticky in separate bowl.
● Dip apples slices in salted water. Sprinkle lemon juice onto apples and mix. Add to cinnamon powder, raisins, kuzu powder to the apples.
● Pour filling in oiled baking dish. Spread crisp on top.
● Cover with aluminium foil and bake for 40 minutes at 180℃. Remove foil and bake for a further 15 minutes.

Apple Crisp

材料　21×21cmの耐熱皿 1枚分

＊A ┌ 菜種油……1/4 カップ
　　├ メープルシロップ……1/4 カップ
　　└ バニラエクストラクト(p.110参照)……小さじ 1

＊B ┌ オートミール……1 カップ
　　├ 地粉……1 カップ
　　├ ひまわりの種……1/2 カップ
　　├ くるみ……1/2 カップ
　　├ シナモンパウダー……小さじ 2
　　└ 塩……小さじ 1/4

りんご……2〜3 個

＊塩水 ┌ 水……1 カップ
　　　└ 塩……小さじ 1

レモン汁……大さじ 1
シナモンパウダー……小さじ 2
レーズン……1/2 カップ
葛粉……1/4 カップ

つくり方

1　くるみ、レーズンをそれぞれ刻んでおく。葛粉は粉状にすりつぶしておく。
2　Aの材料をボールに入れてよく混ぜる。
3　Bの材料を加え、さっくり混ぜ合わせる。
4　りんごは皮をむいて芯を取り、5mmぐらいの厚さのいちょう切りにして塩水にさっとくぐらせてから別のボールに入れる。レモン汁をふり、混ぜる。
5　さらにシナモンパウダーと1のレーズンと葛粉を入れて混ぜる。
6　菜種油（分量外）を塗った耐熱皿に5を敷き詰め、その上に3を重ねる。
7　アルミホイルをかぶせて180℃に予熱したオーブンで40分焼き、アルミホイルを取ってさらに15分ぐらい、表面がキツネ色になるまで焼く。

DECO

りんごの季節が待ち遠しい、
病みつきになるおいしさのアップルクリスプ。
私の友人も何人もの人がこの味のとりこになっているんだよね。

🌿 旬の野菜を味わうおやつ

スイートポテト

さつまいも&りんごのやさしい甘み。
シナモンパウダーをふりかけて、
見た目もさつまいも風に。

材料　約16個分
- さつまいも……中3本（約600g）
- りんご……1個
- ＊塩水 ┌ 水……1/2カップ
　　　　└ 塩……小さじ1/2
- ＊A ┌ ココナツミルク……3/4カップ
　　　├ 塩……小さじ1/2
　　　└ 白ごまペースト……大さじ2
- シナモンパウダー……適量

つくり方
1. さつまいもは蒸して皮をむき、マッシュする。
2. りんごは皮をむいて芯を取り、1cm角ぐらいの角切りにして、塩水にさっとくぐらせてから鍋に入れる。シナモンパウダー少々をふってフタをし、りんごが半透明になるまで蒸し煮にする。
3. Aの材料をボールに入れ、よく混ぜる。
4. 1と2と3を混ぜる。
5. 4を約16等分にし、ぬれ布巾で包んで舟形に成形する。菜種油（分量外）を塗った天板に並べてシナモンパウダーをたっぷりふりかける。200℃に予熱したオーブンで20〜25分焼く。

DECO
ココナツミルクとごまペーストを入れてコクを出して。
ココナツミルクが手に入らないときは、豆乳を使ってみてね。

Sweet Potatoes

INGREDIENTS ＊ (approx 16 portions)

3 medium	Sweet potatoes (steamed, peeled and mashed)
1	Apple (peeled and cut into 1cm cubes)
150ml	Coconut milk
½ tsp	Salt
2 tbsp	Tahini
	Cinnamon powder (to taste)

METHOD
- Dip apples in salted water (½ tsp salt and 100ml water) and place in saucepan. Sprinkle with cinnamon powder and simmer with lid on.
- Combine coconut milk, salt and tahini in a bowl. Add sweet potatoes and apples and mix.
- Using a wet cloth to wrap, form cone-shapes.
- Sprinkle with cinnamon and bake on oiled baking sheet for 20-25 minutes at 200℃.

旬の野菜を味わうおやつ

パンプキンパイ

小麦粉を使わないパイ生地です。
かぼちゃは皮まで使うから栄養たっぷり。

Pumpkin Pie

INGREDIENTS * (21cm pie dish)
CRUST
·········· DRY
100ml	Walnuts (chopped)
200ml	Oatmeal
200ml	Brown rice flour
½ tsp	Salt

·········· WET
| 50ml | Canola oil |
| 100ml | Apple juice |

FILLING
500g	Pumpkin (seeded, chopped and steamed)
	Cinnamon powder (to taste)
1 ½ tbsp	Kuzu powder (dissolved in 50ml apple juice)
¼ tsp	Salt
1 ½ tbsp	Tahini
50ml	Apple juice

METHOD
- Combine filling ingredients. Mash and mix well with spatula.
- Crush dry ingredients in a food processor. Set aside.
- Add apple juice and canola oil to dry ingredients and mix.
- Roll pastry to fit oiled pie dish. Bake for 25 minutes at 180℃.
- Place filling in crust and bake for 15 minutes at 180℃.

材料　直径 21cm のパイ皿 1 枚分

*フィリング
- かぼちゃ（種を取って）……500g
- 葛粉……大さじ 1　1/2
- シナモンパウダー……少々
- りんごジュース……1/4 カップ
- 塩……小さじ 1/4
- 白ごまペースト……大さじ 1　1/2

*パイ生地
- オートミール……1 カップ
- 玄米粉……1 カップ
- くるみ……1/2 カップ
- 塩……小さじ 1/2
- 菜種油……1/4 カップ
- りんごジュース……1/2 カップ

つくり方

1　フィリングをつくる。まず、かぼちゃを皮つきのまま適当な大きさに切って蒸し器で蒸す。

2　1をボールに入れ、葛粉をりんごジュースでといて入れる。シナモンパウダー、塩、白ごまペーストを加え、木べらでかぼちゃをつぶしながらよく混ぜる。

3　パイ生地をつくる。まず、オートミール、玄米粉、くるみを軽くフードプロセッサーにかける（細かくなりすぎないように）。

4　3に、塩、菜種油、りんごジュースを加えて混ぜる。

5　菜種油（分量外）を塗ったパイ皿に 4 を入れ、手で押しつけながらパイ皿の大きさに広げる。180℃に予熱したオーブンで約 25 分焼く。

6　5に2のフィリングを広げ入れ、180℃のオーブンで約 15 分焼く。

DECO
小麦粉を使わないパイ生地なので、小麦アレルギーの人も食べられるよ。
かぼちゃは、おいしい時期に蒸して冷凍しておけばいつでも使えるので便利。
フィリングはフルーツ寒天などに替えても Good !　工夫してみてね。

材料を丸ごと使う

マクロビオティックでは、素材全部を丸ごと使う。
お野菜も、皮をむかない。
できるだけ葉っぱから根っこの先まで全部いただく。
あくも取らない。だから、調理がシンプルで簡単。
ゴミも少ないから、地球にやさしくて、しかもおいしい。
米も白米にせず、玄米でいただく
(白米って書いて粕"かす"っていう字になるって知ってた?)。
小麦粉も漂白していないもの、
皮ごとひいた完全粉をなるべく使う。

こうして少しずつでも、
自然のまんまの丸ごとをいただいていると、
だんだん身体のバランスが整っていく。
身体のバランスが整うと
心のバランスも整っていくから不思議。

ただし、丸ごといただくからには、
できるだけ無農薬でつくられたもの、
無添加で安全なものを選びたいよね。

🌱 旬の野菜を味わうおやつ

黒米ずんだ団子

黒米のもっちりとした食感がおいしい団子です。
枝豆でつくる「ずんだあん」を入れました。

材料　8個分

- 黒米（未精米のもの）……1カップ
- 塩……少々
- 水……1カップ
- 枝豆（塩ゆでしてさやから出したもの）……1カップ
- てんさい糖……1/4カップ
- 枝豆（飾り用・塩ゆでしてさやから出したもの）……8粒

つくり方

1. 黒米を洗って水を切り、圧力鍋に入れる。塩と水を加えてフタをしてセットし、中火にかける。圧がかかったら弱火にして約20分加圧し、火を止めて15分むらす。
2. 枝豆とてんさい糖をフードプロセッサーにかけ、ずんだあんをつくる。8等分して丸める。
3. 1を1/8量ずつぬれ布巾に広げ、2を包むように丸める。飾り用の枝豆をのせる。

DECO
ウチの前にある田んぼでは、黒米などの古代米をつくっていて、こんなお菓子にもよく利用している。
枝豆がない時期は、レーズンやくるみを混ぜ込んで、丸めてココナツパウダーをまぶしてもおいしいよ。

Black Rice Dumplings with "Zunda" Filling

INGREDIENTS ✳ (8 portions)

200ml	Black rice (washed and drained)
	Salt (to taste)
200ml	Water
200ml	Green soybeans (boiled in salty water and dehull)
	Additional soybeans for decoration
50ml	Beet sugar

METHOD

- Pressure cook black rice, water and salt for 20 minutes. Remove from heat and let it sit for 15 minutes.
- Process soybeans and beet sugar in food processor until smooth. Divide into 8 pieces and form balls.
- Divide black rice into 8 portions. Using a wet cloth, form dumplings with soybean paste inside.
- Decorate with whole green soybeans.

レーズンあんでつくる和のおやつ

おはぎ

秋のお彼岸に食べたいおはぎ。
ごまやくるみをまぶす作業は、
ぜひ子どもたちにお手伝いしてもらいましょう。

「レーズンあん」のつくり方

小豆に砂糖ではなくレーズンで甘みを加えたあん。
いろいろなおやつやパンに使えます。

【材料】3カップ分
小豆……1カップ
水……3カップ
昆布……1切れ
塩……小さじ1/2
レーズン……1カップ

【つくり方】
1 小豆をさっと洗い、水と昆布とともに鍋に入れて中火にかける。
2 沸騰したら弱火にしてコトコトゆでる。途中で2〜3回1/2カップぐらいのビックリ水（分量外）をさす。
3 レーズンを刻んでおく。
4 小豆が芯まで十分柔らかくなったら塩を入れて混ぜ、煮つめる（このあと入れるレーズンが水を吸うので煮つめすぎないこと）。
5 火を止め、レーズンを入れてざっくり混ぜる。
＊＊＊＊
レーズンのかわりに、プルーンや干し柿、なつめを刻んで入れたり、米あめで甘みをつけてもおいしくできるよ。小豆が十分柔らかくなるまで混ぜない。昆布は混ぜ込んで食べよう。

材料　8個分
- 玄米……1カップ
- もち玄米……1カップ
- 水……2 1/2カップ
- 塩……少々

レーズンあん（左欄を参照）……1カップ
- くるみ……1カップ
- 米みそ……大さじ1
- 黒ごま……1/4カップ
- しょうゆ……少々
- きなこ……1/4カップ
- 塩……少々

つくり方
1 玄米ともち玄米を混ぜて洗い、ザルにあげる。圧力鍋に水、塩とともに入れてフタをしてセットし、中火にかけ、圧がかかったら弱火にして約25分加圧する。火を止めて10分むらす。
2 レーズンあんをつくる。
3 くるみはいってよくすり、米みそを入れて混ぜる。硬かったら水（分量外）をたす。
4 黒ごまはいってすり、しょうゆをまわし入れる。
5 きなこに塩を混ぜる。
6 1を8個の俵形にむすぶ（レーズンあんとくるみあんをまぶすものは小さめにつくる）。
7 レーズンあんを2等分してぬれ布巾に広げ、6を包んで形を整える。それ以外の6には3、4、5をそれぞれまぶす。

DECO
圧力をかけてもっちり炊き上げたもち玄米ごはんに、
好みのあんやころもをまぶしてみよう。ごはんをむすぶとき、
レーズンあんとくるみあんをまぶすものは小さめにすると
できあがりの大きさがそろって美しくなるよ。

Ohagi

INGREDIENTS ✼ (8 portions)

DOUGH
- 200ml Brown rice (washed)
- 200ml Brown sweet rice (washed)
- 500ml Water
- Salt (to taste)

COATINGS

·········AZUKI RAISIN PASTE
- 200ml Azuki raisin paste

·········WALNUT
- 200ml Walnuts (roasted and chopped)
- 1 tbsp Rice miso

·········BLACK SESAME
- 50ml Black sesame seeds (roasted and ground)
- Soy sauce (to taste)

·········KINAKO (SOY BEAN FLOUR)
- 50ml Kinako
- Salt (to taste)

METHOD
- Pressure cook brown rice, dehulled sweet rice, water and salt together for 25 minutes. Remove from heat and steam allow to stand for 10 minutes.
- Walnut coating: Combine walnuts and rice miso.
- Black sesame coating: Add soy sauce to sesame seeds and mix.
- Kinako coating: Combine kinako and salt.
- Form the dough into small rectangular rounds and roll in various coatings. For azuki and walnut coatings, make smaller balls with a wet cloth to coat.

AZUKI RAISIN PASTE

INGREDIENTS ✼
- 200ml Azuki beans (washed)
- 600ml Water
- 2x5cm Piece kombu
- ½ tsp Salt
- 200ml Raisins (chopped)

METHOD
- Place azuki beans, kombu and water to boil. Once boiling, lower heat and simmer until soft and thick, adding more water as necessary. Remove from heat and add salt and raisins.

レーズンあんでつくる和のおやつ

いちご大福
Daifuku

INGREDIENTS ✳ (6 portions)
- 200g Rice flour
- ½ tsp Salt
- 200ml Water
- 200ml Azuki raisin paste (See Page 19)
- 6 Strawberries
- Potato starch

METHOD
- Combine rice flour and salt and add water slowly to form stiff dough.
- Break dough into small pieces and steam for 8-10 minutes.
- Wrap strawberries with azuki raisin paste to form 6 balls.
- Pound steamed dough with a pestle and then knead. Divide into 6 pieces and form into flat rounds.
- Coat hands with potato starch and wrap dough around azuki balls.

INGREDIENTS ✻ (12 portions)

100ml	Brown rice flour
100ml	White sweet rice flour
½ tsp	Salt
200-300ml	Water (from simmered azuki beans) (from simmered azuki beans)
12	Sakura leaves (pickled in salt)
300ml	Azuki raisin paste (See page 19)

METHOD
- Soak sakura leaves in water for 5 minutes. Drain and dry.
- When making azuki raisin paste, add more water as needed. Remove 300ml water for use in dough. Add more water as needed.
- Allow azuki raisin paste to cool, then form 12 balls 3-4cm in diameter.
- Combine flour and salt in a bowl. Slowly add azuki water and mix batter well.
- Shallow-fry 1 tablespoon of batter per crepe in oval-shape.
- Wrap azuki balls in a crepe, followed by a sakura leaf (top-side facing inward).

桜もち
Sakura Mochi

❖ レーズンあんでつくる和のおやつ

いちご大福

春においしいいちごを丸ごと入れた大福です。
レーズンあんでつくります。

材料　6個分
* 生地 ┌ 白玉粉……2カップ (200g)
　　　│ 塩……小さじ1/2
　　　└ 水……約1カップ
レーズンあん (p.18 参照)……1カップ
いちご……6個
片栗粉 (打ち粉用)……適量

つくり方
1　レーズンあんをつくる。
2　生地をつくる。まず、白玉粉と塩をボールに入れ、水を少しずつ加えて硬めにこねる。
3　2を適当な大きさにちぎり、布巾を敷いた蒸し器で8～10分蒸す。
4　いちごはへたを取り、レーズンあんをまわりにまぶして丸い団子をつくる。
5　3をボールにとり、すりこぎでつく。
6　バットなどにたっぷり打ち粉を敷き、5をうつして6等分にする。
7　6を平らな円形にのばし、4を包んで丸く形を整える (手に打ち粉をつけながら成形するとよい)。

DECO
マクロビオティックを始めたころ。
いちご大福や桜もちをもう食べられないかと思うと、
和菓子屋さんの前を通るのもいやだ……なんて時期もあったっけ。
でも、ちょっと工夫すれば、
売っているものよりずっとおいしくてヘルシーなものができちゃうんだよね。頑張ろう。

桜もち

レーズンあんでつくる春の和菓子。
玄米粉と白玉粉で皮をつくります。
道明寺粉を使うより簡単です。

材料　12個分
レーズンあん (p.18 参照)……1 1/2 カップ
* 生地 ┌ 玄米粉……1/2 カップ
　　　│ 白玉粉……1/2 カップ
　　　└ 塩……小さじ1/2
小豆の煮汁……1～1 1/2 カップ
桜の葉の塩漬け……12枚

つくり方
1　レーズンあんをつくる。いつもより水を多めに入れて、途中で煮汁を1 1/2カップとっておく。できたレーズンあんから1 1/2カップとりわけて使う。
2　桜の葉の塩漬けは、洗って5分ぐらい水につけて塩出しし、ザルにあげて広げておく。
3　レーズンあんを12等分にし、直径3～4cmの大きさに丸める。
4　玄米粉、白玉粉、塩をボールに入れ、1でとっておいた小豆の煮汁を少しずつ加えて混ぜる。だまができたらザルでこし、リボン状にたれるくらいの硬さにする (生地の状態をみながら水分量を調節する)。
5　4を菜種油 (分量外) を薄くひいたフライパンかホットプレートで細長い楕円形のクレープのように12枚焼く。
6　3を5で包み、2を裏が外側になるように巻く。

はかりがいらないおやつづくり

私のおやつづくりは、はかりがいらない。
カップでテキトーに量って、
ふるいもしない。
それでも、それなりにできちゃうし、
おいしい。
家族のためのおやつは、
売り物じゃないしね。
安全でおいしくて、心がこもっていれば、
それで十分、だと思ってる。

❋ レーズンあんでつくる和のおやつ

おやき

おやつにも軽食にもなる長野の郷土料理。
高菜炒め、レーズンくるみあんの
2種類の味を楽しんで。

DECO
粉の味がしっかり味わえる素朴な食感の皮。
おいしい国産小麦粉を使ってね。
生地を長くねかせるほど仕上がりがふっくらするよ。
中身はおかずの残りものをリサイクルして。
きんぴら、切り干し大根、ひじき、かぼちゃ、
さつまいも、キムチなど何でもOK！

INGREDIENTS ✳ (12 portions)

DOUGH
- 800ml　Unbleached white flour
- 1 tbsp　Canola oil
- 2 tsp　Miso (dissolved in 200ml water)

FILLING
············TAKANA
- 100g　Takana (pickled leaf mustard, chopped and soaked to remove salt)
- 100g　Bean sprouts (chopped)
- 100g　Enoki mushrooms (chopped)
- 　　Ginger (chopped, to taste)
- 1 tbsp　Sesame oil
- 　　Soy sauce
- 　　Mirin
············AZUKI
- 200ml　Azuki raisin paste (See page19)
- 50ml　Walnuts (roasted and chopped)

TOPPING
- 　　Walnuts and sesame seeds (roasted and chopped)

METHOD
- Combine canola oil and flour and mix.
- Add miso slowly to oil and flour while kneading to form soft dough. Cover and allow to sit for 30 minutes.
- Fry ginger in heated sesame oil, add enoki mushrooms and bean sprouts, and then takana. Season with soy sauce and mirin.
- Combine azuki raisin paste and walnuts and form 6 balls.
- Divide the dough into 12 pieces. Wrap 6 pieces around azuki balls. Top with walnuts. Fill 6 pieces with takana mixture. Top with sesame seeds.
- Steam each oyaki for 15 minutes, then dry roast in a frying pan until golden brown.

材料　12個分

* 皮
  - 地粉……4カップ
  - 菜種油……大さじ1
  - みそ……小さじ2
  - ぬるま湯……1カップ
* 高菜炒め
  - 高菜漬け……100g
  - ごま油……大さじ1
  - しょうが……少々
  - えのき……1/2袋
  - もやし……1/2袋
  - しょうゆ……適量
  - みりん……適量
* レーズンくるみあん
  - レーズンあん（p.18参照）……約1カップ
  - くるみ……1/4カップ

白ごま（飾り用・いったもの）……少々
くるみ（飾り用・いったもの）……少々

つくり方

1. 高菜漬けを刻み、30分ほど水につけ、よく塩出ししておく。塩が抜けたらザルにあげておく。
2. 皮をつくる。まず、地粉に菜種油を入れて菜箸で混ぜる。みそを1カップのぬるま湯にとかし、少しずつ加えてこねる（耳たぶくらいの柔らかさになるように）。生地がまとまったら、ぬれ布巾をかけて30分以上ねかせる。
3. 高菜炒めをつくる。中華鍋にごま油を熱し、みじん切りにしたしょうが、えのき、もやしと1の高菜を順に炒め、しょうゆとみりんで味をととのえる。
4. レーズンくるみあんをつくる。いって刻んだくるみをレーズンあんに混ぜ、6等分にして丸める。
5. 2の生地を12等分して平らな円形にのばし、6等分した3と4を包んで平たく丸める。
6. 高菜炒めが入っているものには白ごま、レーズンくるみあんが入っているものにはくるみを飾る。
7. 6を蒸し器に入れて約15分蒸す。
8. 熱したフライパンで7の両面を焼き、少しこげめをつける。

❀ お米の滋味をやさしく味わいたいおやつ

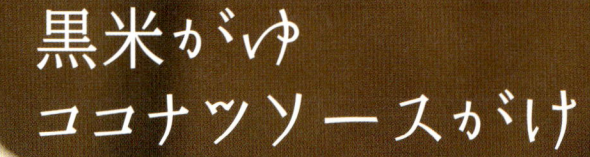

黒米がゆ ココナツソースがけ

バリ島で食べたおいしいデザートの味を再現。
甘みをひかえて朝食にも。

Black Rice Pudding with Coconut Sauce

材料　6人分
黒米（未精米のもの）……1/2 カップ
もち米（精米したもの）……大さじ 2
＊A
　塩……小さじ 1/4
　水……3 カップ
　バニラエクストラクト(p.110参照)……少々
　シナモンスティック……1/2 本
米あめ……1/4 カップ
ココナツミルク……適量

つくり方
1　黒米ともち米を洗って圧力鍋に入れ、Aを加えたら、フタをしてセットし、中火にかける。
2　圧がかかったら弱火にして約 30 分加圧し、火を止めて 10 分むらす。
3　圧力鍋のフタをあけ、米あめを入れて混ぜ、とかす。
4　3を器に入れ、ココナツミルクをかける。

INGREDIENTS ✻ (6 servings)
100ml　Unpolished black rice (washed)
2 tbsp　Sweet rice (washed)
¼ tsp　Salt
½　Cinnamon stick
　　　Vanilla extract (to taste)
600ml　Water
50ml　Rice syrup
　　　Coconut milk

METHOD
● Pressure cook black rice, sweet rice, salt, cinnamon, vanilla and water, for 30 minutes. Remove from heat and let sit for 10 minutes.
● Remove lid and add rice syrup. Mix to dissolve.
● Pour into pudding bowls and top with coconut milk.

DECO
バリ島で出産したとき、「産後にいいから食べて」とバンガローの女主人がつくってくれたおやつ。シンプルにつくりたいときは、おかゆに炊いた黒米にメープルシロップで甘みをつけたココナツミルクをかけるだけ。それでも十分。

Banana Chimaki

INGREDIENTS ＊ (10 portions)

200ml	Sweet rice (soaked overnight)
2	Bananas
200ml	Coconut milk
	Salt
1 tbsp	Rice syrup
20	Bamboo leaves (to wrap)
20	Straw or twine (to tie)

METHOD

- Drain rice and steam until soft (approx 30 minutes).
- Steam bananas (10 minutes). Peel and mash.
- Simmer coconut milk, salt and rice syrup in saucepan until thick.
- Add rice to saucepan and mix. (If it's too wet, simmer until thick).
- Place layer of rice, then banana, then rice again on bamboo leaves.
- Wrap with bamboo leaves and tie with straw or twine.
- Grill chimaki until lightly roasted.

もち米とバナナのタイ風ちまき

❄ お米の滋味をやさしく味わいたいおやつ

もち米とバナナの
タイ風ちまき

ココナツの風味とバナナと
米あめのやさしい甘みが
もち米とよく合って、絶妙のおいしさです！

DECO
タイやバリ島の朝市で見かけたおやつ。
バナナの葉で包んであったのを
笹の葉を使ってみました。
笹の葉が用意できない場合は、ケーキ型などに入れて
180℃に予熱したオーブンで13分ぐらい焼いて
ライスケーキ風にしてみて。簡単でなかなかいけるよ。
バナナはなるべくオーガニックのものを。

材料　10個分
もち米（精米したもの）……1カップ
バナナ……2本
ココナツミルク……1カップ
塩……少々
米あめ……大さじ1
笹の葉……20枚
わら（またはたこ糸）……適量

つくり方
1　もち米を洗って一晩水に浸しておく。
2　1をザルにあげ、皮つきのバナナといっしょに蒸し器に入れる。
3　バナナは約10分、もち米は約30分蒸す。取り出したバナナは皮を取ってマッシャーでつぶす。
4　ココナツミルクを鍋に入れ、中火にかけてかき混ぜながらあたためる。沸騰したら塩と米あめを入れ、全体に少しとろみがつくまで煮つめる。
5　火を止めて3のもち米を入れ、混ぜる。水分が多いときは中火にかけて水気を飛ばす。
6　笹の葉を広げて5、3のバナナ、5の順に重ね、包む。
7　もう1枚の笹の葉でさらに包み、わら（またはたこ糸）でしばる。
8　もち焼き網の上にのせ、こがさないようにゆっくりと焼く。

玄米入りワッフル

玄米の残りごはんをワッフルにアレンジ！
かめばかむほど甘みを味わえます。

材料　直径 18cm のワッフル型 2 台分
玄米ごはん……1 カップ
地粉……1 1/2 カップ
塩……小さじ 1/2
水……1 カップ

つくり方
1. 材料をすべてボールに入れて混ぜる。
2. ワッフル型の両面をよく焼いてあたため、菜種油（分量外）を塗る。1 をおたまですくってのせ、広げる。
3. 型を閉じて中火で約 10 分焼き、型ごと裏返して両面がきれいなキツネ色になるまでさらに約 10 分焼く。

DECO
ジャムやごまペースト、
メープルシロップなどをかけていただこう。
玄米ごはんが入っているので、
おやつにも朝ごはんにもバッチリ。

Brown Rice Waffles

INGREDIENTS ＊ (2 portions using 18cm waffle iron)
200ml　　Cooked brown rice
300ml　　Unbleached white flour
½ tsp　　Salt
200ml　　Water

METHOD
- Combine all ingredients in a bowl.
- Heat and greased waffle iron. Pour batter into waffle iron and cook for 10 minuites each side until both sides are golden brown (for more 10 minutes).
- Serve with fruit jam, tahini or maple syrup.

✤ 雑穀でつくるボリュームたっぷりのおやつ

ひえと杏のケーキ

Millet and Apricot Cake

INGREDIENTS ✻ (21cm round cake tin)

CAKE
- 200ml　Hie millet (washed)
- 400ml　Apple juice
- 　　　　Salt (to taste)

FILLING
- 100ml　Dried apricot
- 50ml　　Raisins
- 300ml　Apple juice
- 1　　　 Agar-agar bar (wash, torn and squeezed)
- 　　　　Salt (to taste)

METHOD
- Bring apple juice to boil in saucepan. Add millet and salt. Simmer and stir with a wooden spatula until able to write letters on base of saucepan.
- Cover and allow to simmer on very low heat for 15 minutes. Remove from heat and let sit for 10 minutes.
- Place millet in a cake tin, flatten and allow to cool.
- Pressure cook all filling ingredients for 10 minutes.
- Process filling in a food processor.
- Pour filling on top of millet and refrigerate.

Persimmon and Millet Pie

柿ともちきびのパイ

INGREDIENTS ✳ (21cm pie dish)

CRUST

DRY
- 200ml   Whole wheat flour
- 400ml   Unbleached white flour
- ½ tsp   Salt
- ½ tsp   Anise seeds

WET
- 100ml   Apple juice
- 100ml   Canola oil

FILLING
- 400ml   Apple juice
- 200ml   Mochikibi millet (washed)
-         Salt
- 1-2   Persimmons (peeled and cut into 1cm cubes)
- 100ml   Raisins (chopped)
- 100ml   Walnuts (chopped)

METHOD

- Filling: Bring apple juice to boil. Add millet and salt. Simmer and stir constantly until able to write letters on base of saucepan with spatula. Cover and simmer on very low heat for 15 minutes. Remove from heat and let sit for 10 minutes. Add persimmons and raisins and mix.
- Combine flour and salt. Add canola oil and mix by hand. Add anise seeds.
- Add apple juice slowly and mix to gather ingredients.
- Divide pastry in half. Roll one piece to fit oiled pie dish. Prick with a fork and pour in filling and add walnuts.
- Cover pie with remaining pastry and prick top.
- Bake for 20 minutes at 180°C.

❦ 雑穀でつくるボリュームたっぷりのおやつ

ひえと杏のケーキ

ひえを使ったボトムと杏のソースが二層になったケーキ。
杏の甘酸っぱさがきいた、ちょっと大人向けの味です。

材料　直径21cmの丸型1台分

*ボトム
- ひえ……1カップ
- りんごジュース……2カップ
- 塩……少々

*杏ソース
- 干し杏……1/2カップ
- レーズン……1/4カップ
- りんごジュース……1 1/2カップ
- 棒寒天（洗ってちぎる）……1本分
- 塩……少々

DECO
雑穀の炊き方を覚えてね。いろいろと応用できるよ。
ひえを洗うとき、裏ごし器を使うと上手に洗える。
炊くときにごく弱火にならない場合は、鍋の下にもち焼き網などを敷いて。
このボトム部分だけを炊いて、好みのジャムを混ぜて型に詰めるだけでも、
簡単ひえケーキができるよ。

つくり方

1. ボトムをつくる。ひえは、目の細かいザルで洗っておく。りんごジュースを鍋に入れて中火にかける。煮立ったら、塩とひえを加えて木べらでかき混ぜながら中火で煮る。
2. 鍋底に字が書けるくらいの硬さになったらフタをして、ごく弱火で約15分加熱する。火を止めて10分むらす。
3. 2を丸型（底が外れるもの）に入れ、平らに詰める。
4. 杏ソースの材料を圧力鍋に入れ、フタをしてセットする。中火にかけ、圧がかかったら弱火にして約10分加圧する。急冷してフタをあける。
5. 4の粗熱が取れたらフードプロセッサーにかけてなめらかにし、3の上に注ぎ入れて冷蔵庫で冷やし固める。

柿ともちきびのパイ

柿ともちきびをパイ生地で包んだ秋のおやつ。
もちきびのもちもちした食感と、柿のやさしい甘みが楽しめます。

材料　直径21cmのパイ皿1枚分

*フィリング
- もちきび……1カップ
- りんごジュース……2カップ
- 塩……少々
- 柿……1〜2個
- レーズン……1/2カップ
- くるみ……1/2カップ

*パイ生地
- 地粉……2カップ
- 完全粉……1カップ
- 塩……小さじ1/2
- 菜種油……1/2カップ
- アニスシード……小さじ1/2
- りんごジュース……約1/2カップ

つくり方

1. フィリングをつくる。もちきびは目の細かいザルで洗っておく。りんごジュースを中火にかけ、沸騰したらもちきびと塩を入れて木べらでかき混ぜながら中火で煮る。
2. 鍋底に字が書けるくらいの硬さになったらフタをして、ごく弱火で約15分加熱する。火を止めて10分むらす。
3. 柿は皮をむいて種を取り、1cm角ぐらいの角切りにする。レーズンは刻む。くるみはいって手で割っておく。
4. 2に3の柿とレーズンを混ぜる。
5. パイ生地をつくる。まず、ボールに地粉、完全粉、塩を入れて混ぜる。
6. 5に菜種油をまわし入れ、両手でもみ合わせながら菜種油をまんべんなく混ぜる。アニスシードをふり入れる。
7. りんごジュースを少しずつ入れ、生地をまとめる。
8. 7のパイ生地をふたつに分け、ひとつを麺棒でのばして菜種油（分量外）を塗ったパイ皿に敷く。フォークで穴をあけて4を入れ、3のくるみを散らす。
9. もうひとつのパイ生地を麺棒でのばして上にかぶせ、はみ出た部分を切り取って端をフォークの背で押さえる。上にもフォークで穴をあける。180℃に予熱したオーブンで約20分焼く。

DECO
秋になると、家のまわりで柿がたわわに実り、もてあましてしまうほど。
そこで無理矢理パイにしてみたら、
これがなんと大ヒット！　おいしいよ。

❋ 雑穀でつくるボリュームたっぷりのおやつ

Millet and ❋ Coconut Doughnuts

ココナツ入り もちあわドーナツ

ココナツの香りのドーナツ。
砂糖を使わなくても、塩を少し入れるだけで
ここまで穀物の甘みを引き出すことができるのです。

材料　直径 5cm のドーナツ約 20 個分
- もちあわ……1 カップ
- レーズン……1/2 カップ
- 水……1 1/2 カップ
- 塩……小さじ 1/2
- ココナツパウダー(p.109 参照)……1/2 カップ
- 地粉……1 カップ
- 菜種油・ごま油(揚げ油・各同量合わせたもの)……適量

つくり方

1. もちあわは目の細かいザルでよく洗っておく。レーズンは刻んでおく。
2. 水を鍋に入れて沸騰させ、もちあわ、塩を入れて木べらでかき混ぜながら中火で煮る。
3. もちあわが十分に水分を吸って鍋底に字が書けるくらいになったらフタをして、ごく弱火で約 15 分加熱し、火を止めて 10 分むらす。
4. 3 にレーズン、ココナツパウダー、地粉を入れて混ぜ、ドーナツ生地をまとめる。
5. 20 等分にして、それぞれリング形に成形する。
6. 中温に熱した揚げ油でキツネ色に揚げる。

DECO
もちあわの炊き上がり加減によって
地粉の量を調整しよう。
ベタつくようなら地粉をたし、
手に菜種油をつけながら成形してみてね。
とにかく誰もが好きになるおやつ。
レーズンやココナツパウダーを入れずに、
プレーンなドーナツにしても
十分おいしい。

INGREDIENTS ✳ **(approx 20 portions, 5cm rings)**

200ml	Mochiawa millet (washed)
100ml	Raisins (chopped)
300ml	Water
½ tsp	Salt
100ml	Coconut powder
200ml	Unbleached white flour
	Oil (for deep-frying)

METHOD
- Bring water to boil in saucepan. Add millet and salt. Simmer and stir constantly until able to write letters on base of saucepan with spatula.
- Cover and simmer on very low heat for 15 minutes. Remove from heat and let sit for 10 minutes.
- Add raisins, coconut and sufficient flour to form manageable dough.
- Divide into 20 pieces and form into rings (Oil hands to prevent sticking).
- Deep fry in medium hot oil until golden.

🌿 米ぬかやきなこの素朴な味を楽しむおやつ

グラノーラ

Granola

INGREDIENTS ✻ (5 to 6 servings)

DRY
200ml	Oatmeal (roasted)
100ml	Whole wheat flour
100ml	Rice bran (roasted)
100ml	Sunflower seeds (roasted)
100ml	Walnuts (roasted and chopped)
2 tsp	Cinnamon powder
¼ tsp	Salt

WET
3 tbsp	Canola oil
4 tbsp	Maple syrup
	Vanilla extract (to taste)

METHOD
- Combine dry ingredients.
- In a separate bowl, mix wet ingredients.
- Add wet ingredients to dry ingredients. Mix well.
- Spread on a baking tray and bake at 160°C. After 5 minutes, stir granola and return to oven. Repeat 3-4 times until crunchy.

INGREDIENTS ✳ (12 bars from a 21 × 21cm baking dish)

·············· DRY
- 100ml Almonds (roasted and chopped)
- 300ml Rice bran
- 300ml Unbleached white flour
- 100ml Oatmeal
- 50ml   Cocoa powder
- ½ tsp Salt

·············· WET
- 100ml Canola oil
- 50ml   Maple syrup
- 100ml Water

METHOD
- Combine dry ingredients.
- Add canola oil and mix well by hand. Add maple syrup.
- Add water slowly.
- Pour batter into a greased baking dish and press out evenly.
- Mark the segments with a knife prior to baking. Prick with a fork.
- Bake for 15 minutes at 180°C.
- Split along the segments.

ぬかチョコナッツバー

Rice Bran Chocolate Bars

米ぬかやきなこの素朴な味を楽しむおやつ

グラノーラ

穀物やナッツを混ぜてオーブンで焼いたシリアル。
甘くてクランチーな歯ごたえです。

材料　5～6人分
* A
  - くるみ……1/2 カップ
  - ひまわりの種……1/2 カップ
  - 米ぬか……1/2 カップ
  - オートミール……1 カップ
  - 完全粉……1/2 カップ
  - シナモンパウダー……小さじ 2
  - 塩……小さじ 1/4
* B
  - 菜種油……大さじ 3
  - メープルシロップ……大さじ 4
  - バニラエクストラクト(p.110参照)……少々

つくり方
1. くるみは小さめに刻む。
2. Aの材料をボールで混ぜ合わせる。
3. Bの材料を別のボールに入れてよくかき混ぜ、2 に入れる。
4. 160℃に予熱したオーブンの天板に 3 を広げ、5 分焼いたらオーブンをあけてこげていないか確認し、全体をよく混ぜる。
5. 4の作業を 3～4 回くりかえし、全体がこげすぎずカリカリッとクリスピーな状態になるように仕上げる。

DECO
お好みで豆乳ヨーグルトをかけたり、
フルーツをのせたりしてもおいしい！
レーズンや干しりんご、ドライクランベリー、
干し杏などを刻んで混ぜてもいい。
ぬかはできるだけ新鮮な無農薬のものを使ってね。
なければコーンミールでも代用できるよ。

ぬかチョコナッツバー

たくさんつくって遠足や旅行に持って行きたいおやつです。
疲れたときの栄養補給にもなります。

材料　16 本分(21×21cm の型 1 台分)
* A
  - アーモンド……1/2 カップ
  - 米ぬか……1 1/2 カップ
  - 地粉……1 1/2 カップ
  - オートミール……1/2 カップ
  - ココアパウダー……1/4 カップ
  - 塩……小さじ 1/2

菜種油……1/2 カップ
メープルシロップ……1/4 カップ
水……約 1/2 カップ

つくり方
1. アーモンドはいって刻む。
2. ボールにAの材料を入れて混ぜ、菜種油をまわし入れて両手で全体をよくすり混ぜる。
3. メープルシロップを加えて混ぜ、水を少しずつ入れて混ぜ、全体がもったりとした感じになるようにする(粉の部分が残らないように)。
4. 菜種油(分量外)を塗った型に 3 を入れ、手で押さえつけるように平らにならしたら、16 等分(8 本×2 列)になるようにナイフで切れ目を入れる。
5. フォークでブツブツと穴をあけ、180℃に予熱したオーブンで約 15 分焼く。
6. カリッと焼けて粗熱が取れたら切れ目にそって割る。

DECO
チョコは入っていませんが、ココアの香りがリッチな、
甘さひかえめのシリアルバー。
小さな精米器があると新鮮なぬかが手に入って便利かも。

Soy Flour Bavarois

INGREDIENTS ✼ (8 servings)
500ml   Soy milk
100ml   Kinako
½ tsp   Salt
5 tbsp Kuzu powder (dissolved in 5 tbsp water)
2 tbsp Maple syrup (to taste)

METHOD
- Mix soy milk, kinako, kuzu powder and salt well. Pour through fine sieve.
- Pour mixture into a saucepan and stir in one direction over low heat until mixture thickens and starts to set.
- Pour into 8 moistened moulds and refrigerate until firm.
- Top with maple syrup.

きなこババロア

きなこの風味とメープルシロップの甘みがよく合います。
ポンセンクリームやフルーツなどを飾れば、パーティーにも。

材料　8人分
豆乳……2 1/2 カップ
きなこ……1/2 カップ
塩……小さじ 1/2
葛粉……大さじ 5
水……大さじ 5
メープルシロップ……適量

つくり方
1 豆乳、きなこ、塩、水でといた葛粉をよく混ぜ、ザルでこす。
2 鍋に入れて弱火にかけ、菜箸3〜4本を同じ方向にまわして粘りが出るまでよく練る。
3 水でぬらした器に2を入れ、冷蔵庫で冷やし固める。
4 メープルシロップをかけていただく。

DECO
ババロアは大きな型にまとめてつくって切り分けて食べてもいい。
葛粉は腸の調子を整えるので、常備しておきたい食品のひとつだよね。

Ume Candies

INGREDIENTS ✽ (10 Candies)
100ml   Rice syrup
1   Big umeboshi plum (pitted and minced)

METHOD
- Bring ingredients to boil, stir constantly.
- Allow liquid to evaporate and syrup to thicken.
- Desired consistency: blob of syrup will set, round ball when dropped into cold water.
- Pour syrup onto greased baking sheet and allow to cool slightly.
- Cut into pieces and form balls with oiled hands.

Soy Flour Candies

INGREDIENTS ✽ (10 Candies)
2 tbsp   Rice syrup
½ tsp   Sesame salt
150ml   Soy flour

METHOD
- Combine ingredients and knead until mixture no longer sticks to your hands. Form round balls.

Lemon Candies

INGREDIENTS ✽ (10 Candies)
100ml   Rice syrup
2tbsp   Lemon juice
½   Lemon peel (grated)

METHOD
- Same as Ume candies recipe substituting lemon juice and peel for ume plum.

Ume Candies

Lemon Candies   *Soy Flour Candies*

米ぬかやきなこの素朴な味を楽しむおやつ

梅あめ、レモンあめ、きなこあめ

自分の好きな味のあめがつくれて楽しい。
子どもたちといっしょにコロコロ丸めてみましょう。

梅あめ

材料　10個分
米あめ……1/2カップ
梅干し……大1個

つくり方
1. 梅干しは種を取って、細かく刻む。
2. 材料を鍋に入れて弱火にかけ、木べらでかき混ぜながらじっくりとよく煮つめる。
3. 煮つまってきたら、水を入れたコップに1～2滴落としてみる。すぐに丸くなって固まるようなら、火からおろし、菜種油（分量外）を薄く塗ったバットにあけて冷ます。
4. 手でさわれるくらいまで冷めたら、キッチンバサミでひと口大に切る。菜種油（分量外）をつけた手のひらでコロコロと転がして丸める。

レモンあめ

材料　10個分
米あめ……1/2カップ
レモン汁……大さじ2
レモンの皮（国産の無農薬のもの・すりおろす）……1/2個分

つくり方
梅あめのつくり方2から同じ手順。

きなこあめ

材料　10個分
米あめ……大さじ2
ごま塩……小さじ1/2
きなこ……3/4カップ

つくり方
1. 米あめをボールに入れ、ごま塩ときなこを入れて、手で米あめに練り込む。
2. よく練って手につかないくらいになったら、10等分にして手のひらでコロコロと転がして丸め、きなこ（分量外）をまぶす。

DECO
きなこあめは懐かしい駄菓子屋の味。
丸めるときに、爪楊枝の先に
小さく当たりの目印をつけ、
そのまわりにあめを巻いてみて。
みんなでくじ引きゲームをしてわいわい楽しめるよ。

Candies

❋ ナッツのコクが贅沢なおやつ

プルーンナッツバー

プルーンの酸味とくるみの香ばしさ。
おいしさと栄養がぎっしり詰まったおやつです。

材料　16本分（21×21cmの型1台分）

*A
- プルーン……1カップ
- 水……1/2カップ
- オレンジの皮（国産の無農薬のもの・すりおろす）……1個分
- オレンジのしぼり汁……1個分
- 塩……小さじ1/4

*B
- メープルシロップ……1/2カップ
- 菜種油……1/4カップ
- 水……1/4カップ
- オートミール……2カップ
- くるみ……1カップ
- 完全粉……1カップ
- 塩……小さじ1/2
- シナモンパウダー……小さじ1

つくり方

1　Aのプルーンを刻んでボールに入れ、水を入れてしばらくふやかす。

2　Aのその他の材料と1（つけた水も）をフードプロセッサーにかけ、ドロドロの状態にする。

3　Bのくるみは刻んでおく。まずボールにBのメープルシロップ、菜種油、水を入れてよく混ぜておき、Bのほかの材料を順次加えてよく混ぜる。

4　型に菜種油（分量外）を塗って3の半量を敷き詰め、2をのせて広げる。その上に残りの3を広げ、平らに押さえてならす。ナイフで16等分（8本×2列）になるように切れ目を入れておく。

5　180℃に予熱したオーブンに4を入れ、15〜20分焼く。

6　カリッと焼けて粗熱が取れたら切れ目にそって割る。

Prune and Nut Bars

INGREDIENTS ❋ (16 bars from a 21×21cm baking dish)

200ml	Prunes (chopped and soaked in)
100ml	Water (until soft)
1	Orange peel (grated) and juice
¼ tsp	Salt
100ml	Maple syrup
50ml	Canola oil
50ml	Water
400ml	Oatmeal
200ml	Walnuts (chopped)
200ml	Whole wheat flour
½ tsp	Salt
1 tsp	Cinnamon powder

METHOD
- Puree prunes, orange peel, orange juice in a food processor. Set sauce aside.
- Combine maple syrup, canola oil and water.
- Add remaining ingredients and mix well.
- Pour half of batter into an greased baking dish. Cover with sauce and then remaining batter. Press out evenly.
- Mark the segments with a knife prior to baking.
- Bake for 15-20 minutes at 180℃ until crisp and golden brown.
- Split along the segments.

DECO
かなりおいしい！
Bの材料だけを
ナッツバーにしても十分いける。

材料　30枚分
*A　菜種油……1/2 カップ
　　　メープルシロップ……1/2 カップ
　　　ピーナツバター……1 カップ
　　　水……1/2 カップ
塩……小さじ 1/2 弱
地粉……3 カップ

つくり方
1　Aの材料をボールに入れてよく混ぜる。
2　1に塩と地粉を混ぜて、耳たぶくらいの柔らかさの生地にまとめる。
3　2を直径 3cm くらいの球形に丸める。
4　菜種油（分量外）を塗った天板に 3 を置き、フォークの背で押して平らに成形する。
5　160℃に予熱したオーブンで約 15 分焼く。表面に薄くこげめがつき、カリッとしたら焼き上がり。

DECO
簡単すぎて、おいしすぎて、
食べすぎ注意のクッキー。
できればクランチタイプの
ピーナツバターがあればぴったり。

ピーナツバタークッキー

香ばしいピーナツ風味がうれしいクッキー。
ピーナツバターは砂糖や乳化剤が入っていないものを選んで。

INGREDIENTS * (30 portions)
········· DRY
600ml　Unbleached white flour
½ tsp　Salt
········· WET
100ml　Canola oil
100ml　Maple syrup
200ml　Peanut butter
100ml　Water

METHOD
● Mix wet ingredients with a whisk.
● Add dry ingredients to wet ingredients and mix.
● Form small balls (3cm in diameter).
● Place balls on oiled baking tray and flatten with a fork.
● Bake for 15 minutes at 160℃ until crisp and golden brown.

Peanut Butter Cookies

水ようかん

ひんやりした口当たりと
やさしい甘さがおいしい夏の和菓子。

材料　15×13.5×高さ4.5cmの
　　　流し缶1個分

- 小豆……1カップ
- 昆布……1切れ
- 水……3カップ
- 塩……小さじ1/2
- 米あめ……1カップ
- 棒寒天……1本
- 水……2カップ

つくり方

1. 棒寒天は水（分量外）に浸して戻す。
2. 小豆をさっと洗い、水3カップと昆布とともに鍋に入れて中火にかける。
3. 沸騰したら弱火にしてコトコトゆでる。途中で2〜3回1/2カップぐらいのビックリ水（分量外）をさす。
4. 小豆が芯まで十分柔らかくなったら塩と米あめを入れ、こがさないように適度な硬さに煮つめる。
5. 棒寒天の水気をしぼってちぎる。水2カップとともに4とは別の鍋に入れて中火にかけ、煮とかす。
6. 4をフードプロセッサーにかけてなめらかにし、5を入れてさらによく混ぜる。
7. 6を水でぬらした流し缶に入れ、冷蔵庫で冷やし固める。
8. 固まったら流し缶から出し、四角く切り分ける。

INGREDIENTS ✻ (15 x 13.5 x 4.5cm tin)

- 200ml　Azuki beans (washed)
- 2x5cm　Piece kombu
- ½ tsp　Salt
- 200ml　Rice syrup
- 1　Agar-agar bar
  (soaked in water, torn and squeezed)
- 400ml　Water

METHOD

- Combine azuki beans, kombu and 600ml water in a pot. Bring to boil. Reduce heat and simmer until soft.
- Add salt and sweeten with rice syrup. Continue to simmer without burning.
- Simmer agar-agar with 400ml water over medium heat until dissolved. Allow to cool.
- Puree azuki mixture in food processor until smooth. Combine with dissolved agar-agar.
- Pour mixture into a spring form tin, moistened with water. Allow to cool and set.
- Cut into squares and serve.

Mizuyokan Jelly

DECO
夏場、キリッと冷やし、抹茶といっしょに
いただいたりしたらもうサイコー！
ツルッとした食感を楽しんでね。

✤ 体を整える葛粉、寒天を使ったおやつ

柑橘のゼリー

甘夏やグレープフルーツなどの
柑橘類でつくる夏のデザート。
香ばしいポンセンクリームをそえて豪華に。

材料　6人分
* ゼリー ─ 棒寒天……1本
　　　　　甘夏……3個
　　　　　水……1 1/2カップ
　　　　　みかんジュース……1 1/2カップ
* ポンセンクリーム(p.56参照)
　　　　　玄米ポンセン……2 1/2枚
　　　　　木綿豆腐……1丁
　　　　　メープルシロップ……大さじ3
　　　　　バニラエクストラクト(p.110参照)……少々

ミントの葉……適量

つくり方
1. 棒寒天は水(分量外)に浸して戻す。
2. 甘夏を横半分に切る。中身を取り出して薄皮を除き、果肉をほぐしておく。皮はカップとして安定するように、底を少しカットしておく。
3. 1の水気を軽くしぼり、細かくちぎる。水とともに鍋に入れ、中火にかけて煮とかす。よくとけたら、みかんジュースと2の果肉を加えて混ぜる。
4. 2の皮のカップに3を流し入れ、冷蔵庫で冷やし固める。
5. ポンセンクリームをつくる。
6. 4の上に5をのせ、ミントの葉を飾る。

DECO
ただのフルーツ寒天でも、こんなふうに果物のカップにすると子どもたちも大喜び。お好みの柑橘類でトライしてみて。

INGREDIENTS ✤ (6 servings)
JELLY
1	Agar-agar bar (soaked in water, torn and squeezed)
3	Amanatsus
300ml	Mandarin juice
300ml	Water

CREAM
2 ½	Brown rice crackers (crushed in food processor)
300g	Tofu
3 tbsp	Maple syrup
	Vanilla extract (to taste)

DECORATION
Mint leaves

METHOD
- Cut Amanatsus in half. Remove flesh, discard membranes and retain halves. Break flesh into small pieces.
- Simmer agar-agar with water over medium heat until dissolved. Add mandarin juice and amanatsu flesh and mix.
- Pour into halves. Allow to cool and set.
- Mix tofu cream ingredients in a food processor.
- Decorate amanatsu halves with tofu cream and mint leaves.

Citrus Jelly with Tofu Cream

おから抹茶ケーキ

抹茶の緑が目にも鮮やかなボトムとあんこがきれいに二層になった和風ケーキ。

材料　直径21cmの丸型1台分

- ＊A
  - 地粉……2カップ
  - おから……2カップ
  - 塩……小さじ1/2
  - ベーキングパウダー……小さじ2
  - 抹茶……大さじ2
- ＊B
  - 菜種油……1/2カップ
  - メープルシロップ……1/2カップ
  - 豆乳……1カップ
- 小豆……1/2カップ
- 水……3カップ
- 昆布……1切れ
- 塩……小さじ1/2
- 米あめ……1/2カップ
- 棒寒天……1/2本

INGREDIENTS ✻ (21cm round cake tin)

CAKE

DRY
- 400ml　Unbleached white flour
- 400ml　Okara
- ½ tsp　Salt
- 2 tsp　Baking powder
- 2 tbsp　Green tea powder

WET
- 100ml　Canola oil
- 100ml　Maple syrup
- 200ml　Soy milk

TOPPING
- 100ml　Azuki beans
- 600ml　Water
- 2×5 cm　Piece kombu
- ½ tsp　Salt
- 100ml　Rice syrup
- ½　Agar-agar bar (soaked in water, torn and squeezed)

METHOD

- Mix dry ingredients in a food processor.
- Whisk wet ingredients. Add dry ingredients and mix.
- Pour batter into a greased cake tin. Bake for 20-30 minutes at 180℃.
- Pressure cook azuki beans and kombu with 600ml water for 20 minutes. Cool rapidly and open lid.
- Add salt, rice syrup and agar-agar. Simmer until agar-agar is dissolved.
- Remove kombu and pour mixture on top of cake. Allow to cool and set.

Okara and Green Tea Cake

つくり方

1. 棒寒天は水（分量外）に浸して戻す。
2. Aの材料をフードプロセッサーにかけて混ぜる。
3. Bの材料をボールに入れて泡立て器でよく混ぜ、2を加えてざっくり混ぜる。
4. 菜種油（分量外）を塗った型に3を入れ、180℃に予熱したオーブンで20～30分焼く。
5. 小豆をさっと洗い、水3カップと昆布とともに圧力鍋に入れてフタをセットし、中火にかける。
6. 圧がかかったら弱火にして20分加圧し、急冷してフタをあけ、塩と米あめを加える。
7. 棒寒天の水気を軽くしぼり、細かくちぎって6に入れ中火にかける。煮とけたら火を止めて4のボトムの上に流し入れ、冷蔵庫で冷やし固める。

体を整える葛粉、寒天を使ったおやつ

みたらし団子

竹串に3つずつさして、
たれとあんこ、2種類の団子をつくっても。

材料　20個分

*団子
- 玄米粉……1カップ
- 塩……小さじ1/2
- 水……1/4カップ

- 白玉粉……1/2カップ
- 水……1/4カップ

*たれ
- 水……1カップ
- 昆布……1切れ
- 塩……小さじ1/4
- しょうゆ……大さじ1
- 米あめ……大さじ2
- 葛粉……大さじ2

つくり方

1. 団子をつくる。まず、玄米粉と塩をボールに入れて混ぜ、水1/4カップを少しずつ入れてこねる。
2. 白玉粉は別のボールに入れ、水1/4カップを少しずつ入れてこねる。どちらも、水気がたりないときは水（分量外）をたす。
3. 1と2をいっしょにしてよくこね合わせる。
4. 適当な大きさにちぎり、布巾を敷いた蒸し器で20分蒸す。蒸し上がったらボールに入れ、すりこぎでよくついて、手水をつけながら直径2.5cmぐらいの球形に丸める。
5. たれをつくる。まず、水に昆布を入れてしばらくおき、中火にかける。塩、しょうゆ、米あめを加えて煮とかす。葛粉を同量の水（分量外）でといてまわし入れ、混ぜ続ける。とろみがついたら火を止める。
6. 4に5をからめる。

Mitarashi Dango

INGREDIENTS * (20 portions)

DUMPLINGS
- 200ml　Brown rice flour
- 100ml　White sweet rice flour
- ½ tsp　Salt
- 50ml　Water

SAUCE
- 2x5cm　Piece kombu
- 200ml　Water
- ¼ tsp　Salt
- 1 tbsp　Soy sauce
- 2 tbsp　Rice syrup
- 2 tbsp　Kuzu powder (dissolved in 2 tbsp water)

METHOD

- Combine brown rice flour and salt and add 50ml water slowly. Knead well.
- Slowly add 50ml water to white rice flour. Knead well.
- Combine both doughs and knead well.
- Apportion dough into pieces and steam in a cloth in a steamer for 20 minutes.
- Pound steamed dough in a bowl until sticky. With wet hands, form balls 2.5cm in diameter.
- Place water and kombu in a saucepan and allow to stand for a while. Add soy sauce and rice syrup and simmer until smooth.
- Add kuzu powder and simmer until creamy.
- Pour sauce over dumplings and serve.

🌱 穀物コーヒーを使った大人味のおやつ

バナナケーキ

Banana Cake

INGREDIENTS ✲ (21cm round cake tin)
CAKE

DRY
200ml	Whole wheat flour
400ml	Unbleached white flour
1 ½ tbsp	Baking powder
½ tsp	Salt
½ tbsp	Grain coffee powder

WET
5	Bananas (1 for decoration)
50ml	Canola oil
150g	Tofu
100ml	Apple juice
	Vanilla extract (to taste)

METHOD
- Dissolve grain coffee powder in heated apple juice.
- Puree 4 bananas, remaining wet ingredients and grain coffee mixture in a food processor.
- Add wet ingredients to dry ingredients.
- Pour batter into a remaining cake tin. Decorate with 1 sliced banana. Bake for 20 minutes at 180℃. Cover with aluminium foil and bake for a further 15 minutes at 200℃.

Coffee Jelly

INGREDIENTS ✳ (6 servings)

400ml	Water
½	Agar-agar bar (soaked in water, torn and squeezed)
2 tbsp	Grain coffee powder
50ml	Rice syrup
1 tbsp	Kuzu powder (dissolved in 1 tbsp cold water)
50ml	Soy milk
½ tbsp	Maple syrup

METHOD
- Simmer agar-agar with water over medium heat until dissolved.
- Add grain coffee and rice syrup, followed by kuzu powder.
- Strain mixture through a colander.
- Pour into moistened mould and refrigerate until firm.
- Combine soy milk and maple syrup and pour over top.

穀物コーヒーゼリー

❧ 穀物コーヒーを使った大人味のおやつ

バナナケーキ

バナナをたっぷり使ったケーキ。
穀物コーヒーのやさしい苦みが、
バナナの味をひきたてます。

材料　直径 21cm のパイ皿 1 枚分
* A ─ バナナ……4 本
　　　穀物コーヒー……大さじ 1/2
　　　りんごジュース……1/2 カップ
　　　菜種油……1/4 カップ
　　　バニラエクストラクト (p.110 参照)……少々
　　└ 木綿豆腐……1/2 丁
* B ─ 完全粉……1 カップ
　　　地粉……2 カップ
　　　ベーキングパウダー……大さじ 1 1/2
　　└ 塩……小さじ 1/2
バナナ (飾り用)……1 本

つくり方
1　A のバナナの皮をむき、その他の A の材料といっしょにフードプロセッサーにかけてよく混ぜ合わせる。
2　B の材料をボールに入れて 1 を加え、ざっくりと混ぜ合わせる。バナナの大きさによって水分量が変わるので、水分がたりなければりんごジュース (分量外) を加える。
3　菜種油 (分量外) を塗った深めのパイ皿に 2 を入れ、飾り用のバナナの皮をむいて輪切りにして上にのせる。
4　180℃に予熱したオーブンで約 20 分焼き、アルミホイルをかぶせて 200℃で約 15 分焼く (中まで火が通りにくいので、竹串をさして何もついてこなくなるまでよく焼く)。

穀物コーヒーゼリー

穀物コーヒーを使い、棒寒天と葛粉で固めました。
豆乳のシロップでいただきます。

材料　6 人分
* ゼリー ─ 棒寒天……1/2 本
　　　　　水……2 カップ
　　　　　穀物コーヒー……大さじ 2
　　　　　米あめ……1/4 カップ
　　　└ 葛粉……大さじ 1
* シロップ ─ 豆乳……1/4 カップ
　　　　　└ メープルシロップ……大さじ 1/2

つくり方
1　水 (分量外) に浸して戻しておいた棒寒天を軽くしぼり、細かくちぎる。水とともに鍋に入れて中火にかけ、煮とかす。
2　1 に穀物コーヒーと米あめを入れてとかす。
3　葛粉を同量の水 (分量外) でとき、2 に加えてとろみがつくまで煮る。
4　3 をザルでこし、水でぬらした器に流し入れて冷蔵庫で冷やし固める。
5　豆乳にメープルシロップを混ぜてシロップをつくり、4 にかける。

DECO
ゼラチンもコーヒーも使わずにつくる
この穀物コーヒーゼリーなら、
大人も子どもも安心していっしょに楽しめるよね。

レシピは自分流に

私のレシピは参考までにとどめて、
決して信用しすぎないでね。
粉は、カップでの量り方、湿度、季節、種類、
生産地などによって水分量が変わる。
だから、水分をザッといっぺんに入れないように、
気をつけよう。少しずつ入れて、
粉の様子をみながら混ぜるのがポイント。
お好みで油や甘みの量、種類を変えたり、
混ぜるものや粉の種類を変えたり……。
とにかく、
自分流のレシピにどんどんアレンジして、
楽しんでね。

✿ 穀物コーヒーを使った大人味のおやつ

ティラミス

コーヒーやチーズを使わずにできる
ティラミス風のデザート。

材料　15×13.5×高さ4.5cmの流し缶2個分

- *スポンジA
  - 地粉……1 1/2 カップ
  - ベーキングパウダー……小さじ2
- *スポンジB
  - 塩……小さじ 1/4
  - 菜種油……1/4 カップ
  - バニラエクストラクト(p.110参照)……少々
  - りんごジュース……1/2 カップ
  - 木綿豆腐……1/4 丁
- *シロップ
  - 穀物コーヒー……1/2 カップ
  - 湯……1/2 カップ
  - メープルシロップ……大さじ2
  - ラム酒……大さじ3
- *クリーム
  - 棒寒天……1/2 本
  - りんごジュース……3/4 カップ
  - 木綿豆腐……1 1/2 丁
  - ココナツクリーム……1 カップ
  - メープルシロップ……1/2 カップ
  - 白ごまペースト……大さじ 1/2
  - バニラエクストラクト……小さじ2

ココアパウダー……適量

DECO
多少複雑に見えるけど、
手間をかけただけのことはあるおいしさ。
ふりかけるココアパウダーは
穀物コーヒーやキャロブパウダーでも。

つくり方

1. クリームの棒寒天は水(分量外)に浸して戻し、豆腐はザルにあげて水切りしておく。
2. スポンジAの材料をボールに入れ、混ぜる。
3. スポンジBの材料をフードプロセッサーにかけ、よく混ぜ合わせる。
4. 2に3を加え、ざっくり混ぜ合わせる。
5. 4を菜種油(分量外)を塗った流し缶2個に薄く流し入れ、180℃に予熱したオーブンで約15分焼く。
6. シロップの材料をボールに入れ、よく混ぜ合わせる。
7. 5にフォークでブツブツと穴をあけ、6をかけてしみこませる。
8. クリームをつくる。まず、棒寒天の水気を軽くしぼり、細かくちぎる。りんごジュースとともに鍋に入れて中火にかけ、煮とかす。
9. 水切りした豆腐、ココナツクリーム、メープルシロップ、白ごまペースト、バニラエクストラクト、粗熱の取れた8をフードプロセッサーでなめらかになるまで混ぜる。
10. 7の上に9を流し込み、冷蔵庫で冷やし固める。
11. 流し缶から出して切り分け、ココアパウダーを茶こしに入れてふりかける。

Tiramisu

INGREDIENTS * (two 15 x 13.5 x 4.5cm tins)
CAKE
············DRY
300ml　Unbleached white flour (sifted)
2 tsp　Baking powder
¼ tsp　Salt
············WET
50ml　Canola oil
100ml　Apple juice
75g　Tofu
　　　Vanilla extract (to taste)
SYRUP
100ml　Grain coffee powder
100ml　Hot water
2 tbsp　Maple syrup
3 tbsp　Rum
CREAM
½　Agar-agar bar
　　　(soaked in water, torn and squeezed)
150ml　Apple juice
450g　Tofu (drained)
200ml　Coconut cream
100ml　Maple syrup
½ tbsp　Tahini
2 tsp　Vanilla extract
DECORATION
　　　Cocoa powder

METHOD
- Mix wet ingredients in food processor.
- Add wet ingredients to dry ingredients.
- Pour batter into a greased tins. Bake for 15 minutes at 180℃.
- Prick top of cake. Pour combined syrup ingredients over top. Allow to absorb.
- Simmer agar-agar with apple juice over medium heat until dissolved.
- Puree remaining cream ingredients in a food processor. Add agar-agar mixture.
- Pour cream on top of cake. Refrigerate until firm.
- Dust with carob powder.

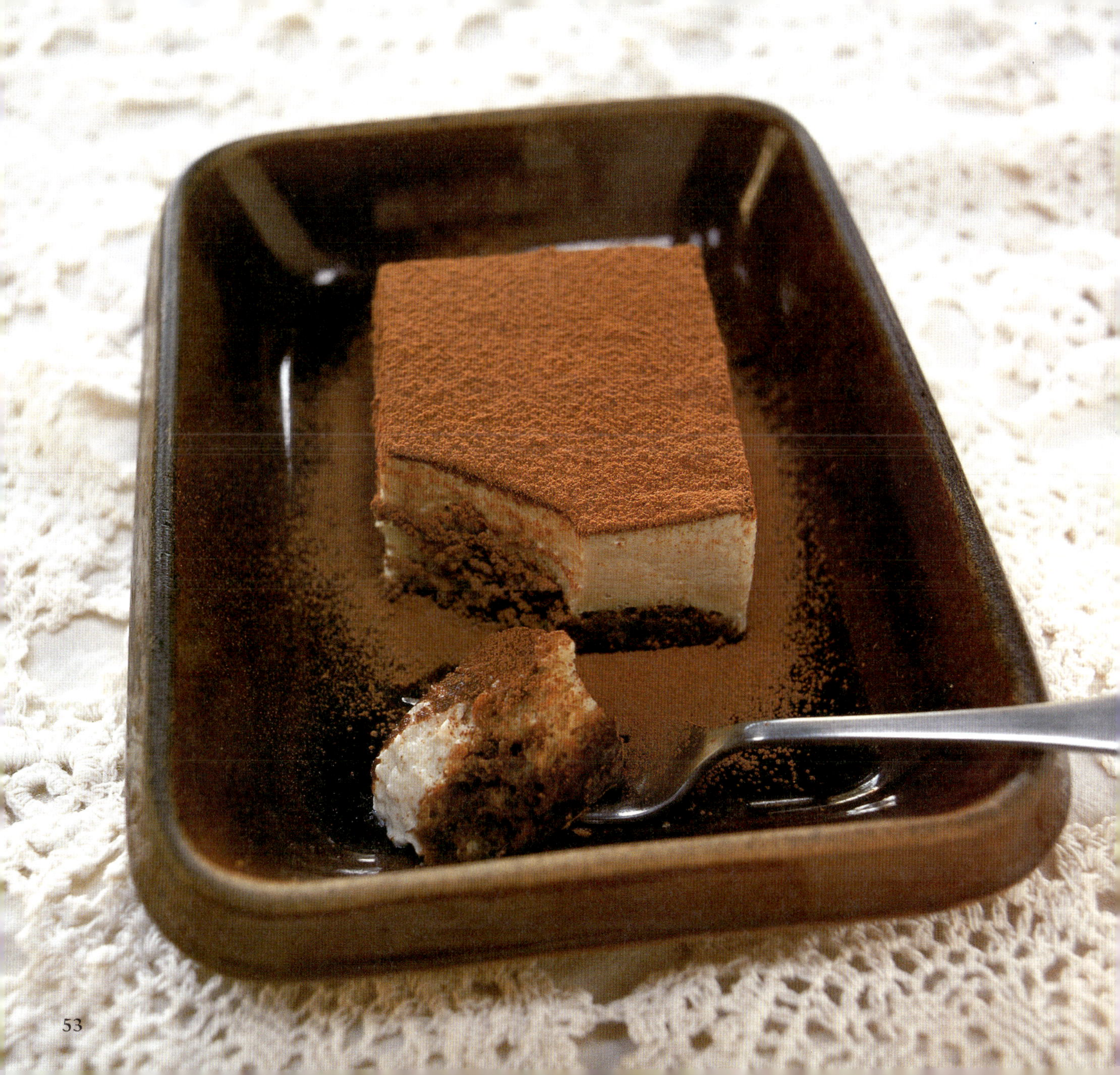

❖ 豆腐が主役のヘルシーなおやつ

フルーツパフェ

INGREDIENTS ✻ (8 servings)
```
  1      Agar-agar bar
         (soaked in water, torn and squeezed)
500ml    Apple juice
  8      Strawberries (sliced)
600ml    Orange juice
100ml    Kuzu powder
         Cornflakes
  8      Strawberries (for decoration)
·············· TOFU CREAM ··············
  2      Brown rice crackers
         (crush in food processor)
300g     Tofu
3 tbsp   Maple syrup
         Vanilla extract (to taste)
```

METHOD
- Simmer agar-agar with apple juice over medium heat until dissolved. Allow to cool.
- Pour into 8 glasses and refrigerate until firm.
- Mix tofu cream ingredients in food processor. Place in piping bag and refrigerate until firm.
- Dissolve kuzu powder in orange juice. Bring to a boil then simmer gently until transparent. Stir constantly.
- Place sliced strawberries on top of agar-agar. Follow with cornflakes and orange sauce.
- Decorate with tofu cream and strawberries.

Fruit Parfait

いちごのアイスクリーム

Strawberry Tofu Ice Cream

INGREDIENTS ✶ (5 to 6 servings)
- 300g — Tofu
- 200ml — Coconut milk
- 5 tbsp — Maple syrup
- Vanilla extract (to taste)
- 400ml — Strawberries

METHOD
- Place ingredients in a food processor and process until smooth and creamy.
- Place mixture into an ice cream maker and churn until desired consistency is reached.
- Serve with ice cream scoop.

VARIATIONS
- Substitute strawberries with peaches, melons or other seasonal fruit. Mint leaves, raisins, walnuts and almonds may also be added. (Plain is also delicious). (This ice cream contains no milk, eggs or sugar. Its fresh taste is therefore suited to summer days).

🌱 豆腐が主役のヘルシーなおやつ

フルーツパフェ

季節の果物と玄米ポンセンでつくるクリームを使った
ちょっと豪華なパフェは、
おもてなしにも使えるデザートです。

「ポンセンクリーム」のつくり方

玄米ポンセンを加えると、穀物の甘みと香りが加わって、
豆腐だけでつくるクリームよりさらにおいしく仕上がります。
玄米ポンセンが水分を吸うので、
豆腐を水切りする手間もいらないのがうれしい。

【材料】
＊分量は各レシピを参照

【つくり方】
1 まず、玄米ポンセンをフードプロセッサーにかけ、細かくくだいて取り出す。
2 豆腐、メープルシロップ、バニラエクストラクトをいっしょにフードプロセッサーにかけ、なめらかになったら1を加えてクリーム状になるまでさらに撹拌する。
＊＊＊＊
玄米ポンセンをできるだけ細かい粉末にするのがコツ。粗い粒が気になるなら、一度目の細かいザルでふるってから豆腐に混ぜてみて。

材料　8人分

　棒寒天……1本
　りんごジュース……2 1/2 カップ
＊ポンセンクリーム（左欄を参照）
　玄米ポンセン……2 枚
　木綿豆腐……1 丁
　メープルシロップ……大さじ 3
　バニラエクストラクト(p.110参照)……少々
　葛粉……1/2 カップ
　オレンジジュース……3 カップ
いちご……8 個
コーンフレーク……適量
いちご（飾り用）……8 個

つくり方

1 水（分量外）に浸して戻した棒寒天の水気をしぼってちぎる。りんごジュースとともに鍋に入れて中火にかけ、煮とかして粗熱を取る。
2 1をグラスの底に注ぎ入れ、冷蔵庫で冷やし固める。
3 ポンセンクリームをつくる。
4 3をしぼり出し袋に入れて冷蔵庫で冷やしておく。
5 ボールに葛粉とオレンジジュースを入れてよくとかし、鍋に入れる。中火にかけ、3～4本の菜箸で半透明になるまでよく練ったら火を止めて粗熱を取る。
6 2の上にへたを取って刻んだいちご、コーンフレーク、4のクリーム、5のオレンジジュースの葛練りの順で重ね、最後に4のクリームをしぼって、飾り用のいちごをのせる。

DECO
ここまできれいにつくり込んだものを出されたら、
誰だって大喜びだよね。でも意外と簡単。
材料の組み合わせやフルーツの種類を自由に工夫してみてね。
りんごジュース寒天、オレンジジュースの葛練りは、
それぞれ単品でも十分お役立ちレシピになるはず。

いちごのアイスクリーム

卵も牛乳も砂糖も使わないアイスクリーム。
果物そのもののおいしさが味わえます。

材料 5〜6人分
いちご……2カップ
木綿豆腐……1丁
ココナツミルク……1カップ
メープルシロップ……大さじ5
バニラエクストラクト(p.110参照)……少々

つくり方
1 いちごはへたを取っておく。材料を全部フードプロセッサーにかけてよく混ぜる。
2 1をアイスクリーマーに入れ、アイスクリーム状になるまで混ぜる。
3 アイスクリームスクープですくって器に盛りつける。

DECO
アイスクリームづくりには、
デロンギのアイスクリーマーが便利。
ない場合は、バットなどに入れて冷凍庫で冷やし、
30〜40分ごとに取り出してよくかき混ぜる
という作業を2〜3回くりかえす。
いちごのかわりに桃やメロン、ミント、キャロブチップ、
ラムレーズン、くるみ、アーモンドなど
好みの材料を入れてもおいしくできるよ。
もちろんプレーンでもおいしい！

豆腐が主役のヘルシーなおやつ

いちごのショートケーキ

Strawberry Cake

INGREDIENTS ✽ (21cm round cake tin)

CAKE
...................**DRY**
600ml	Unbleached white flour (sifted)
1 ½ tbsp	Baking powder

...................**WET**
100ml	Canola oil
100ml	Maple syrup
150g	Tofu
150ml	Apple juice
½ tsp	Salt
	Vanilla extract (to taste)

TOFU CREAM
3	Brown rice crackers (crush in food processor)
150g	Tofu
4 ½ml	Maple syrup
	Vanilla extract (to taste)

DECORATION
Strawberries

METHOD
- Mix wet ingredients in a food processor.
- Add wet ingredients to dry ingredients.
- Pour batter into a 21cm oiled round cake tin. Bake for 20-30 minutes at 180°C. Cover with aluminium foil and bake for a further 10 minutes at 200°C. Allow to cool.
- Mix tofu cream ingredients in a food processor.
- Slice off top of cake. Spread bottom layer with tofu cream and strawberries.
- Replace top layer. Decorate with tofu cream and strawberries.

※ How to Decoration

スポンジには
ポンセンクリームをぬって、

うえにもたっぷり
ぬりたいな

いちごをきって、

たくさんいちごを
ならべちゃおう！

よくみててねー

こんどはボクのばんだよ

できたね
はやくたべたいなー！

おかあさんのつくるいちごのケーキが
いちばんダーイスキ！

子どもといっしょにお菓子づくり

子どもといっしょにお菓子をつくろう。すっごく楽しいよ。
毎日やろうなんて、頑張らなくっていい。
たとえば、月に1回、年に1回だっていいんじゃない？
そのほうが、かえって子どもの心に残るかも。

みんなで、コネコネ。ベタベタ。グチャグチャ。

ちょっとぐらい汚したって、生地かじっちゃったって、
投げつけちゃったって、気にしない。
「どうしても、叱っちゃいそうでダメなの」っていう人は、
思いきって、友達の親子も呼んで、
みんなで、コネコネ。ベタベタ。グチャグチャ。

みんなでつくって、みんなで食べて、みんなで笑って、
そして、みんなで片づけたら、
ほら。100倍楽しいでしょ。

豆腐が主役のヘルシーなおやつ

いちごのショートケーキ

お誕生日につくりたい、いちごとクリームいっぱいのケーキ。
生クリーム、砂糖を使わなくても、こんな豪華な仕上がりに！

材料　直径 21cm の丸型 1 台分
＊スポンジA
　　地粉……3 カップ
　　ベーキングパウダー……大さじ 1 1/2
＊スポンジB
　　菜種油……1/2 カップ
　　メープルシロップ……1/2 カップ
　　木綿豆腐……1/2 丁
　　りんごジュース……3/4 カップ
　　塩……小さじ 1/2
　　バニラエクストラクト(p.110参照)……少々
＊ポンセンクリーム(p.56参照)
　　玄米ポンセン……3 枚
　　木綿豆腐……1 1/2 丁
　　メープルシロップ……大さじ 4 1/2
　　バニラエクストラクト……少々
いちご……1 パック

つくり方
1　スポンジAの材料をボールに入れ、混ぜる。
2　スポンジBの材料をフードプロセッサーにかけ、よく混ぜ合わせる。
3　1 に 2 を加え、ざっくり混ぜ合わせる。
4　3 を菜種油（分量外）を塗った型に流し入れ、180℃に予熱したオーブンで 20 〜 30 分焼く。さらに、アルミホイルをかぶせて 200℃にしたオーブンで約 10 分焼く。竹串をさして生地がついてこなければ焼き上がり。型から出して常温で冷ましておく。
5　ポンセンクリームをつくる。
6　4 を横半分に切って下半分の表面に 5 を塗る。いちごのへたを取り、飾り用のいちご 8 個を残して半分に切って上に並べる。さらに 5 を重ねて塗る。
7　その上にスポンジの上半分を重ね、表面に 5 と残りのいちごをデコレーションする。

DECO
かれこれ 20 年も子どもたちのお誕生日につくり続けている、
わが家の定番ケーキ。
生クリームじゃないから、少しくらい食べすぎても胸焼けしないよ。
いちご以外のフルーツやナッツでつくってもステキ。

Buckwheat Crêpes

INGREDIENTS ✻ (6 servings)

CREPES

DRY
- 100ml Buckwheat flour
- 100ml Unbleached white flour
- Salt

WET
- 250ml Water
- Sesame oil (for frying)

FILLING
- ½ Carrot
- Salt
- 2 pieces Dried tofu (soaked in warm water)
- 200ml Dashi (stock)
- 1 tbsp Soy sauce
- 100ml Unbleached white flour (combined with water and salt to form batter) Sesame oil, Canola oil (for deep-frying)
- 3 sheets Toasted nori (cut in half)
- 6 Lettuce leaves

SAUCE
- 2 tbsp Tahini
- 2 ½ tbsp Water
- ½ tbsp Soy sauce

METHOD

- Combine dry ingredients, add water and mix.
- Pour a little batter into a heated and oiled frying pan. Cook both sides until golden brown.
- Cut carrot into matchsticks, sprinkle with salt and dry roast in a frying pan. Add a little water and continue to cook (Firm, not soft).
- Gently squeeze tofu to remove moisture and cut into strips and simmer in dashi and soy sauce.
- Coat the dried tofu in batter and deep fry.
- Combine sauce ingredients and spread on crepes. Top with toasted nori, lettuce leaves, carrot and dried tofu and roll up.

そば粉のクレープ

煮つけて油で揚げた高野豆腐がジューシーでおいしい。
野菜もたっぷりだから、軽食としてもいけます。

材料　6人分

- ＊クレープ
  - そば粉……1/2 カップ
  - 地粉……1/2 カップ
  - 塩……少々
  - 水……約 1 1/4 カップ
- ごま油……少々
- ＊具
  - にんじん……1/2 本
  - 塩……少々
  - 高野豆腐……2 枚
  - だし汁……1 カップ
  - しょうゆ……大さじ 1
  - 地粉……1/2 カップ
  - 塩……少々
  - 水……1/2 カップ
- 菜種油・ごま油（揚げ油・各同量合わせたもの）……適量
- ＊A
  - 白ごまペースト……大さじ 2
  - 水……大さじ 2 1/2
  - しょうゆ……大さじ 1/2
- 焼きのり……3 枚
- サラダ菜……6 枚

つくり方

1. クレープの材料をボールでよく混ぜる。
2. フライパンを熱してごま油をひき、1 を 1/6 量ずつ流し入れる。薄くのばして両面を焼く。
3. 具をつくる。まず、にんじんはスティック状に切って塩をまぶし、鍋でからいりする。水少々（分量外）を入れ、フタをして蒸し煮にする。
4. 高野豆腐はぬるま湯（分量外）で戻し、軽くしぼってからスティック状に切る。だし汁としょうゆとともに鍋に入れ、煮つける。
5. 地粉と塩をボールに入れて水でといたころもに 4 を入れてからめ、中温に熱した揚げ油でからりと揚げる。
6. 2 に A の材料を混ぜたペーストを塗り、半分に切った焼きのりとサラダ菜をのせる。3 と 5 を芯にして巻き、半分に切って盛りつける。

❖ 豆腐が主役のヘルシーなおやつ

キャロブケーキ

身体にやさしいキャロブパウダーを使ったケーキ。
くるみのサクサクした歯ごたえもおいしい。

Carob Cake

INGREDIENTS ✳ (21cm round cake tin)
CAKE
―――――DRY
- 500ml　Unbleached white flour
- 100ml　Carob powder
- 1 tbsp　Baking powder
- 100ml　Walnuts (roasted and chopped)

―――――WET
- 100ml　Canola oil
- 100ml　Maple syrup
- 150ml　Apple juice
- 150g　Tofu (drained)
- ¼ tsp　Salt

CAROB CREAM
- 300g　Tofu
- 3 tbsp　Maple syrup
- 100ml　Carob powder
- 　　　　Vanilla extract (to taste)

METHOD
- Conmbine dry ingredients.
- Mix wet ingredients in a food processor.
- Add wet ingredients to dry ingredients.
- Pour batter into oiled 21cm round cake tin. Bake for 30-40 minutes at 180℃. Cover with aluminium foil and bake for a further 10 minutes at 200℃. Allow to cool.
- Mix carob cream ingredients in food processor.
- Spread top and sides of the cake with cream.

材料　直径 21cm の丸型 1 台分

- ✳ A
  - 地粉……2 1/2 カップ
  - キャロブパウダー……1/2 カップ
  - ベーキングパウダー……大さじ 1
  - くるみ……1/2 カップ
- ✳ B
  - 菜種油……1/2 カップ
  - メープルシロップ……1/2 カップ
  - りんごジュース……3/4 カップ
  - 木綿豆腐……1/2 丁
  - 塩……小さじ 1/2
- ✳ クリーム
  - 木綿豆腐……1 丁
  - メープルシロップ……大さじ 3
  - キャロブパウダー……1/2 カップ
  - バニラエクストラクト (p.110参照) ……少々

つくり方

1. クリームの豆腐は水切りし、くるみはいって粗みじんに刻んでおく。
2. A の材料をボールに入れ、混ぜる。
3. B の材料をフードプロセッサーにかける。
4. 2 に 3 を入れてざっくり混ぜ、菜種油（分量外）を塗った型に流し込む。
5. 180℃に予熱したオーブンで 30 〜 40 分焼く。さらに、アルミホイルをかぶせて 200℃にしたオーブンで約 10 分焼く。竹串をさして生地がついてこなければ焼き上がり。型から出して常温で冷ましておく。
6. クリームの材料をフードプロセッサーにかけてクリーム状にする。
7. 5 に 6 をデコレーションする。

DECO
わが家でバレンタインデイやバースデイに活躍するケーキ。
キャロブパウダーはカフェインフリーだから、
小さな子どもにも安心。
大人にはキャロブパウダーをココアパウダーに替えて、
チョコレートケーキにしても。

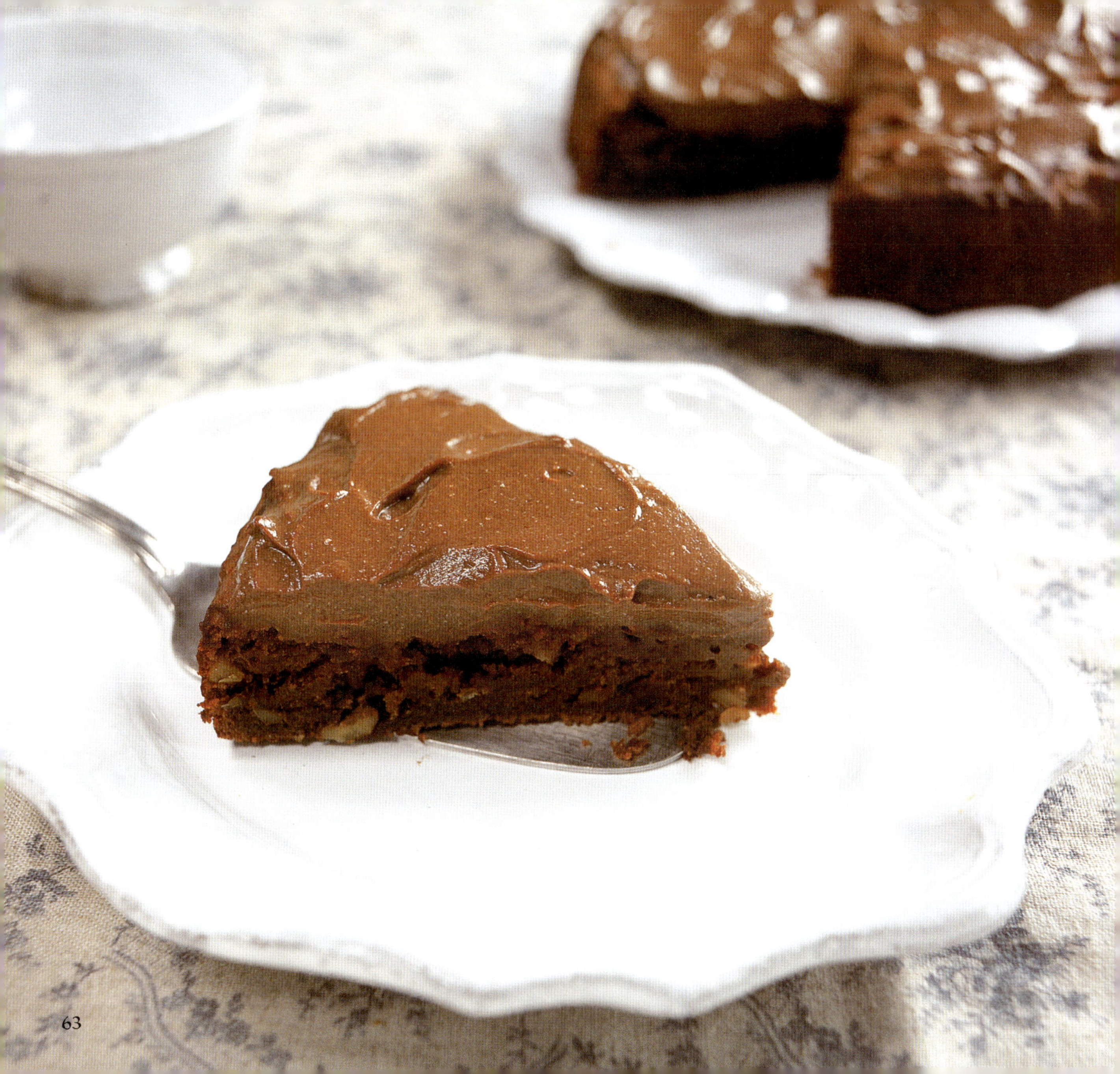

わっ、ふくれた！
うーん。いい香り！
すごーい、焼けた！
パンをつくるのって、こんな感動の連続。
そして焼きたてのパンをほおばるとき、
"お金で買えない幸せ"ってやつを感じちゃう。
この幸せをみんなとシェアしていきたいな。

Contents: Breads

デコのおすすめ　三つの自家製酵母……66
三つの自家製酵母のおこし方……68

こうぼっちでつくるパン
プチパン……70
じゃがいもとローズマリーのピザ……87
ナン……89
ピタパン&ハモス……91

レーズン酵母でつくるパン
パン・ド・カンパーニュ……72
レーズン&ナッツパン……79
シナモンロール……85

柑橘酵母でつくるパン
シトラスブレッド……74
ベーグル
　よもぎベーグル、ごまベーグル……77
フォカッチャ……81
グリッシーニ……83

ホシノ天然酵母でつくるパン
ライ麦パン……93
あんまんと野菜まん……95

ベーキングパウダーでつくるパン
コーンブレッド&サルサソース……97
マフィン
　デコのスペシャルマフィン……99
　小松菜ともちきびのマフィン……100
　にんじんのマフィン……101
スコーン
　完全粉入りスコーン、ココア入りスコーン……103
　さつまいも入り蒸しパン……105

玄米がゆでつくるパン
おかゆパン……107
　「玄米がゆ」のつくり方……107

豆乳カッテージチーズ……77
りんごジャム……103

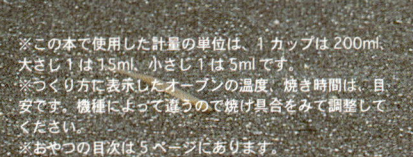

※この本で使用した計量の単位は、1カップは200ml、大さじ1は15ml、小さじ1は5mlです。
※つくり方に表示したオーブンの温度、焼き時間は、目安です。機種によって違うので焼き具合をみて調整してください。
※おやつの目次は5ページにあります。

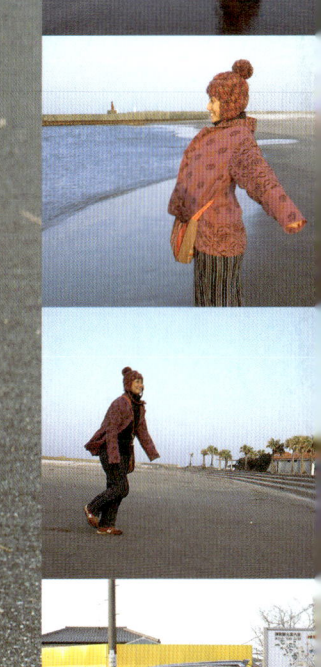

デコのおすすめ 三つの自家製酵母

こうぼっち
(果物、野菜、穀物の酵母)

レーズン酵母

柑橘酵母

ごはん、フルーツ、野菜くず、身近にあるもの何だって酵母に変身する。
とても不思議ですごくかわいい。
デコの簡単使い切りの自家製酵母や、おすすめの酵母のおこし方、
そしてそれらの酵母を使ったパンのつくり方を紹介します。
パンのレシピには酵母の種類を指定してありますが、どの酵母を使ってもOK！
いろいろな組み合わせを楽しんでくださいね。

こうぼっちでつくる
プチパン

レーズン酵母でつくる
パン・ド・カンパーニュ

柑橘酵母でつくる
シトラスブレッド

三つの自家製酵母のおこし方

私にとって「自家製酵母」って高嶺の花でした。
親切な本を読んでも、「発酵したエキスに〇〇gの粉をたし、〇〇%の水をたし発酵させ、
そこから〇〇g取り出し、また〇〇gの粉と……」なんて書いてあって、
「あー私には理解できないーっ！」と思っていたからです。
でも、そんな種をつぎたすなんてことは慣れたらすることにして「とりあえず、300gの粉でパンを1個だけ焼く。
その分だけの使い切り酵母をおこす」というのを目標にしてみたら……なぁんだ、とってもシンプル!!
「天然酵母を買わなきゃ、と思っていた自分っていったい……」と思う始末。
はじめは、ビンに発酵するものを入れるだけ。さぁ、やってみよう！

こうぼっち

果物、野菜、穀物でつくる酵母。
風味のよいパンが焼き上がります。

材料　2ビン分

- りんご……中1/2個 (100g)
- にんじん……中1/2本 (100g)
- 山芋……5～6cm (100g)
- 玄米ごはん……飯碗軽く1杯分 (100g)
- てんさい糖……大さじ3
- 塩……少々

つくり方

1. りんごの芯を取り、皮つきのままざく切りにする。にんじん、山芋も皮つきのままぶつ切りにする（農薬や硬さなどが気になる場合は皮をむいてもよい）。玄米ごはん、てんさい糖、塩とともにフードプロセッサーにかけ、ドロドロの状態にする。 
2. 煮沸消毒したビンに1を入れ、フタをして28℃くらいの暖かい場所に3～5日置いておく。途中、1日1回フタをあけ、清潔な菜箸で混ぜる。
3. 気泡がいっぱいできて、甘酸っぱいにおいがしてきたらできあがり。

レーズン酵母

レーズンと水だけでできる簡単酵母。
パンをつくるときはレーズンもそのまま入れます。

材料　1ビン分

- レーズン……1/2カップ
- 水……3/4カップ

*レーズンはノンオイルコーティングのものを使用

つくり方

1. 煮沸消毒したビンに、レーズンと水を入れてフタをする。 
2. 28℃くらいの暖かい場所に2～4日置いておく。途中、1日1回フタをあけてみて、その際にプシュッと音がしたら酵母が元気な証拠。
3. プクプクシュワーッと気泡が出てきたらできあがり。

＊自家製酵母をおこすビンは、容量約 500ml の広口ビンを使っています。

柑橘酵母

柑橘類の香りとほのかな渋みが特徴。
大人向きの味です。

材料　1ビン分
夏みかん……1/2 個（小さな柑橘類なら 1 個）
水……3/4 カップ

＊柑橘類は、すだち、キンカン、ゆずなどでも OK

つくり方

1　夏みかんの皮をむいてざく切りにし、煮沸消毒したビンに入れる。水も入れてフタをする（夏みかんの渋みが気になるようなら薄皮を取り除いて入れる）。

2　28℃くらいの暖かい場所に 2〜4 日置いておく。途中、1 日 1 回フタをあけてみて、その際にプシュッと音がしたら酵母が元気な証拠。

3　プクプクシュワーッと気泡が出てきたらできあがり。

温度管理のこと

酵母を育てるときやパン生地を発酵させるとき、「温度管理が難しそう」って思うかもしれないけど、実は常温でかまいません。要するに、低い温度なら時間がかかり、高い温度なら早めに発酵するということです。でも、あまりにも寒い時期は保温しましょう。コタツやお風呂でもよいのです。わが家では、発泡スチロールの箱にお湯をはって酵母のビンを並べ、熱帯魚の水槽に使うサーモスタットを入れています。サーモスタットは、15℃から 35℃までの自由な温度に設定して保温できるので、便利です。ホームセンターで 3000 円弱で買うことができます。

＊本来の使用法とは異なりますので、取扱いは十分に注意してください。
また、自己管理・自己責任のもと使用をお願いします。

「こうぼっち」のこと

ずっと以前、友人から『楽健寺酵母』の元種をもらったのがはじまり。すごく元気で、パンの中に酵母に使うにんじんや玄米がプチプチと混じるのもかわいくて、とても気に入って育てていました。
そのころ、ちょうど「たまごっち」というゲームが流行っていたのだけど、何かを育てる疑似体験をするなら「みんなでパンの酵母を育てようよ！」ということで、「こうぼっち」と勝手に命名。
長期旅行に行くときにも携帯して、みんなに「ぬかどこ」のようにあげていたので、もしかしたら世界中にウチのこうぼっちの子孫が繁栄しているかも 。
最初から自分でうまくおこす自信がない人は、楽健寺酵母（※）を取り寄せ、そこに、エサ（p.68 のこうぼっちの材料）をあげつつ種つぎしていくといいでしょう。

※楽健寺酵母の問い合わせ先
〒577-0032　大阪府東大阪市御厨 2-4-32
真言宗名峰山楽健寺　天然酵母パン工房
TEL.06-6788-6478
http://www.asahi-net.or.jp/~be5y-ymnu/index2.html
天然酵母 1 袋（約 300g）3800 円（送料込み）

Petit Rolls

Rice and Yam Starter

INGREDIENTS ✳ (2 jar)

100g	Carrot (chopped)
100g	Apple (cored and chopped)
100g	Yam (chopped)
100g	Cooked brown rice
3 tbsp	Beet sugar
	Salt

METHOD

- Puree all ingredients in a food processor. Place mixture in a sterilized jar and put lid on. Let sit for 3-5 days in a warm place (28°C). Open once a day. Starter is ready when bubbles appear and a sweet and sour smell is prevalent.

Petit Rolls

INGREDIENTS ✳ (6 rolls)

·············DRY

250g	Unbleached white flour
50g	Whole wheat flour
1 tsp	Salt

·············WET

200ml	Rice and yam starter
100ml	Water

METHOD

- Combine dry ingredients and starter.
- Add water slowly and knead for 15 minutes.
- Place dough in a lidded container and let sit overnight in a warm place. (6-8 hours at 20°C or 5-6 hours at 26°C). Dough should rise to 1 ½ to 2 times its size.
- Divide dough into 6 pieces, shape, place on baking tray and cover. Let sit for 1 hour. Cut a cross on top of each bread roll with scissors. Spray with water.
- Heat oven to 280°C, putting a brick on a tray on the bottom oven shelf.
- Place bread on upper oven shelf. At the same time, pour 100-200ml water onto the brick.
- Bake for 10 minutes at 210°C.

こうぼっちでつくる
プチパン

酵母のうまみが味わえるシンプルなパン。
かわいいミニサイズに仕上げてみました。

【材料】6個分

地粉（できれば強力粉）……250g
完全粉（できれば強力粉）……50g
塩……小さじ1
こうぼっち……1カップ
水……1/2カップ弱

1. ボールに地粉、完全粉、塩、こうぼっちを入れて混ぜる。
2. 水を少しずつ入れてこねる。
3. 表面がツルツルのもち肌の生地になるまで、15分くらいこねる。

●パン生地のこね方

最初に生地をこねる時間は15分が目安。表面がツルツルのもち肌みたいになるまでこねるといい。粉300gなら力もそれほどいらないし、ボールに材料を入れてテレビを見ながら、おしゃべりをしながら、または瞑想などしながらコネコネ。パンの焼き上がりを思い描く、とっても幸せな時間。

4 きれいに丸めて密閉容器などに入れ、フタをして一晩発酵させる（発酵時間はこうぼっちの元気のよさや気温によって変わるが、20℃なら6〜8時間、26℃ぐらいなら5〜6時間が目安）。
5 密閉容器の底や側面から生地の表面にプツプツと空気の穴が見えて、全体に生地が1.5〜2倍にふくれていたらOK。

6 生地を取り出してまとめなおす。
7 スケッパーで生地を6等分にする。
8 そっと丸めなおしてオーブンシートの上に間隔をあけて置く。

9 布巾をかけて暖かいところで1時間ぐらいねかせる（表面が乾かないように注意）。
10 オーブンを280℃ぐらいに予熱しておく。このとき、天板を上下に入れておき、下の天板にはレンガまたは洗った小石をパイ皿などに入れて置いておく。
11 上の天板を取り出し、9をオーブンシートごと移し、キッチンバサミでクープ（切れ目）を入れる。
12 パン生地を霧吹きでしめらせ、天板ごとオーブンの上段に入れる。下の天板に1/2〜1カップの水（分量外）をジャッと入れてすぐ扉を閉め（蒸気でのやけどに注意）、200℃で約10分焼く。

●こうぼっちの種つぎ

こうぼっちは、p.68で紹介したレシピで約2カップできる。1カップをパンに使ったら、残りを冷蔵庫に入れ、飼ってみよう。1週間に一度くらいエサ（レシピの野菜や玄米ごはん）をあげて、常温に一晩放置。気泡ができて量が増えたら元気な証拠。そこから取り出してパンを焼く。1カップくらい残しておけば、またエサをあげて増やすことができる。レシピどおりの材料をそろえなくても大丈夫。自分なりのこうぼっちを育てよう。p.89で紹介した酒かすを少し加えると、かなり元気なこうぼっちになる。山芋やりんごはフードプロセッサーではなく、すりおろして混ぜたほうがいいし、毎日かき混ぜて「元気？」と声をかけるともっと元気に育っていく。ある程度テキトーに、でもちゃんと気にかけて声をかけるのが大事……なんだか子育てに似てるよね。

●二次発酵やベンチタイム

生地を成形したあとしばらくおくことを、ものの本によると「二次発酵」とか「ベンチタイム」とか呼ぶらしい。ここでしばらくおかなくても、それなりに生地がふくらんでパンが焼けるけど、ほんのちょっと待つだけで、ふくらみ方や焼き上がりがやっぱり違うみたい。待つ間にちょっとお掃除やお洗濯などしてみてはどうかな。生地の表面が乾かないように、布巾をかけたりポリ袋に入れたりしておこう。

Raisin Campagne

Raisin Starter

INGREDIENTS ✼ (1 jar)
- 100ml Raisins
- 150ml Water

METHOD
- Place raisins and water in a sterilized jar. Let sit for 2-4 days in a warm place (28℃).
- Open once a day. Starter is ready when bubbles appear.

Raisin Campagne

INGREDIENTS ✼ (1 loaf)

………DRY
- 200g Unbleached white flour
- 100g Whole wheat flour
- 1 tsp Salt

………WET
- 1 tbsp Mirin
- 1 jar Raisin starter

METHOD
- Combine dry ingredients and starter. Add salt and mirin and knead for 15 minutes.
- Place dough in a lidded container and let sit overnight in a warm place (8-10 hours at 20℃ or 6-8 hours at 26℃). Dough should rise to 1 ½ to 2 times its size.
- Fold and then shape.
- Place loaf on flour-covered gauze in a basket. Let sit for about 1 hour.
- Place trays on both top and bottom oven shelves. Put a brick on lower tray. Heat oven to 280℃.
- Take out the upper tray and place the loaf on it by flipping over the basket.
- Slash top of the loaf with a razor blade, spray with water, and place back on top shelf. At the same time, pour 100-200ml water onto the brick.
- Bake for 15 minutes at 210℃.
- Remove the lower tray. Then take out the tray with the loaf, turn it around, and place on bottom shelf. Spray the loaf again and bake for a further 5-10 minutes at 200℃.

レーズン酵母でつくる
パン・ド・カンパーニュ

ザルで二次発酵させる大きな田舎パン。
酵母はレーズンも全部入れるので、おいしさ丸ごと味わえます。

【材料】1個分
- 地粉（できれば強力粉）……200g
- 完全粉（できれば強力粉）……100g
- レーズン酵母……1ビン（p.68のできあがり量）
- 塩……小さじ1
- 本みりん……大さじ1

1　ボールに地粉と完全粉を入れ、レーズン酵母をレーズンごと全部加えてこねる。

2　少しこねたら塩、本みりんも入れて、表面がツルツルのもち肌の生地になるまで15分くらいこねる（ベタベタと手につくようだったら地粉<分量外>を少しずつたして、こねやすい硬さに調整する）。

3　きれいに丸めて密閉容器などに入れ、フタをして一晩発酵させる（発酵時間は酵母の元気のよさや気温によって変わるが、20℃なら8～10時間、26℃ぐらいなら6～8時間が目安）。

4　密閉容器の底や側面から生地の表面にプツプツと空気の穴が見えて、全体に生地が1.5～2倍にふくれていたらOK。

5 そっと生地を取り出し、地粉（分量外）をつけた手でそっと丸めなおす。丸め終わりを指でつまんで閉じる。
6 ザルに蒸し布を敷き、地粉（分量外）をふる。
7 5の生地を閉じ目を上にしてザルに入れる。
8 蒸し布をかぶせて暖かいところで1時間ぐらいねかせる（表面が乾かないように注意）。

9 オーブンを280℃ぐらいに予熱しておく。このとき、天板を上下に入れておき、下の天板にはレンガまたは洗った小石をパイ皿などに入れて置いておく。
10 上の天板を取り出して菜種油（分量外）を塗り、8のザルをひっくり返すようにしてパン生地をのせる。ザルと蒸し布を取り除き、カミソリでクープ（切れ目）を入れる。

11 パン生地を霧吹きでしめらせ、天板ごとオーブンの上段に入れる。下の天板に1/2〜1カップの水（分量外）をジャッと入れてすぐ扉を閉め、210℃で約15分焼く。
12 下の天板を取り出す。もう一度パンに霧を吹き、天板の前後の向きを変えて下段に入れる。200℃でさらに5〜10分焼く。

● ザルについて

このレシピ（粉300g）で使うザルは、スーパーでよく売っているザル豆腐にもれなくついてくる直径15cmぐらいのものがちょうどいい。蒸し布は、布巾、ガーゼでもOKだけど、乾いていることが条件。ザルのかわりに、すり鉢に直接粉をふって生地を入れても、すり鉢の模様がついておしゃれ。

● クープについて

パン生地に切れ目を入れるには、顔そり用のカミソリで十分。刃の先端のほうをちょっとカミソリ本体から外して使うと作業しやすくなる。クープは一気に入れるのが基本だけど、高さを出したいところには二度三度刃を入れて、少し深めの溝にするとうまくいくよ。

Citrus Bread

柑橘酵母でつくる
シトラスブレッド

柑橘酵母のほのかな酸味、渋みを感じられるシンプルなパン。
なまこ形に仕上げてみました。

【材料】1本分　　地粉（できれば強力粉）……300g
　　　　　　　　柑橘酵母……1 ビン（p.69 のできあがり量）
　　　　　　　　塩……小さじ 1
　　　　　　　　本みりん……大さじ 1

Citrus Fruit Starter

INGREDIENTS ✽ (1 jar)

½	Natsumikan (or other large citrus fruit or 1 small citrus fruit e.g. sudachi)
150ml	Water

METHOD
- Peel and chop natsumikan.
- Place natsumikan and water in a sterilized jar and put lid on. Let sit for 2-4 days in a warm place (28℃). Open once a day. Starter is ready when bubbles appear.

Citrus Bread

INGREDIENTS ✽ (1 loaf)

··············· DRY
300g	Unbleached white flour
1 tsp	Salt

··············· WET
1 tbsp	Mirin
1 jar	Citrus fruit starter

METHOD
- Combine dry ingredients and starter. Add salt and mirin and knead for 15 minutes (removing seeds and skin of citrus fruit).
- Place dough in a lidded container and let sit overnight in a warm place (8-10 hours at 20℃ or 6-8 hours at 26℃). It rises to 1 ½ to 2 times its size. Fold and then shape.
- Place loaf on flour-covered gauze in a basket. Let sit for about 1 hour.
- Place trays on both top and bottom oven shelves. Put a brick on lower tray. Heat oven to 280℃.
- Take out the upper tray and place the loaf on it by flipping over the basket.
- Slash top of the loaf with a razor blade, spray with water, and place back on top shelf. At the same time, pour 100-200ml water onto the brick.
- Bake for 15 minutes at 210℃.
- Remove the lower tray. Then take out the tray with the loaf, turn it around, and place on bottom shelf. Spray the loaf again and bake for a further 5-10 minutes at 200℃ .

1　ボールに地粉を入れ、柑橘酵母を少しずつ入れてこねる（柑橘の種類によって水分が違うので、様子をみながら入れる量を調整する）。

2　塩と本みりんを入れてさらによくこねながら、飛び出してくる柑橘類の種と薄皮を取り除く。

3　表面がツルツルのもち肌の生地になるまで、15 分くらいこねる。

4　きれいに丸めて密閉容器などに入れ、フタをして一晩発酵させる（発酵時間は酵母の元気のよさや気温によって変わるが、20℃なら 8 ～ 10 時間、26℃ぐらいなら 6 ～ 8 時間が目安）。

5　密閉容器の底や側面から生地の表面にプツプツと空気の穴が見えて、全体に生地が 1.5 ～ 2 倍にふくれていたら OK。

6 そっと生地を取り出し、地粉（分量外）をつけた手でなまこ形にまとめる。まとめ終わりを指でつまんで閉じる。

7 蒸し布を敷いたザルに地粉（分量外）をふり、6の生地を閉じ目を上にして入れる。
8 布巾をかけて暖かいところで1時間ぐらいねかせる（表面が乾かないように注意）。
9 オーブンを280℃ぐらいに予熱しておく。このとき、天板を上下に入れておき、下の天板にはレンガまたは洗った小石をパイ皿などに入れて置いておく。

10 上の天板を取り出して菜種油（分量外）を塗り、8のザルをひっくり返すようにしてパン生地をのせる。ザルと蒸し布を取り除き、カミソリでクープ（切れ目）を入れる。
11 パン生地を霧吹きでしめらせ、天板ごとオーブンの上段に入れる。下の天板に1/2〜1カップの水（分量外）をジャッと入れてすぐ扉を閉め、210℃で約15分焼く。下の天板を取り出し、もう一度パンに霧を吹き、天板の前後の向きを変えて下段に入れる。200℃でさらに5〜10分焼く。

●本みりんについて

みりんにもいろいろあるけど、「みりん風調味料」ではなく、「本みりん」を選んでね。生地ののびやふくらみがよい。でも、みりんのかわりにメープルシロップを入れてもいいし、何も入れなくても十分おいしくできるよ。

●パンチについて

パン生地を成形するときに、ガス抜きのためにパンチが必要と言われているけど、国産小麦を天然酵母で焼くパンの場合はパンチをせず、逆に中にある気泡を大事に大事に、かわいがって丁寧に扱ってあげたほうがいいみたい。

Soy Cottage Cheese

INGREDIENTS ✻ (100ml)
400ml Soy milk
2tbsp Lemon juice
½ tsp Salt

METHOD
- Warm up soy milk in a sauce pan over medium heat until 60°C. Add lemon juice and stir. Strain by pouring over gauze. Squeeze gauze to drain excess moisture. Mix salt into cheese.

Sesame Bagle

INGREDIENTS ✻ (5 bagles)
300g   Unbleached white flour
1 tsp Salt
1 jar Citrus fruit starter (See page 74)
100ml Black sesame seeds (roasted)

METHOD
- Combine flour and salt. Add starter and knead (removing seeds and skin of citrus fruit).
- Place sesame seeds on dough and fold over.
- Place dough in a lidded container and let sit overnight in a warm place.
- Fold over the dough and divide into 5 pieces. Roll into oblong shape. Let sit for about 15 minutes.
- Roll out until 30cm in length. Flatten one end and close circle with opposite end.
- Boil bagels (1 minute on each side). Drain.
- Preheat oven to 230°C and bake for 20 minutes at 180°C.

Bagle

Yomogi & Azuki Bagle

INGREDIENTS ✻ (5 bagles)
300g   Unbleached white flour
1 tsp Salt
1 tbsp Yomogi (mugwort) powder
1 jar Citrus fruit starter (See page 74)
50ml   Azuki beans (cooked)

METHOD
- Combine flour, salt and yomogi. Add starter and knead (removing seeds and skin of citrus fruit).
- Place azuki beans on dough and fold over.
- Place dough in a lidded container and let sit overnight in a warm place.
- Fold over the dough and divide into 5 pieces. Roll into oblong shape. Let sit for about 15 minutes.
- Roll out until 30cm in length. Flatten one end and close circle with opposite end.
- Boil bagels (1 minute on each side). Drain.
- Preheat oven to 230°C and bake for 20 minutes at 180°C.

柑橘酵母でつくる ベーグル

もちもちっとした食感がおいしいベーグル。よもぎ入りとごま入りの2種。
豆乳カッテージチーズがよく合います。

よもぎベーグル

材料　5個分
- 地粉（できれば強力粉）……300g
- 塩……小さじ1
- よもぎ粉……大さじ1
- 柑橘酵母（p.69参照）……1ビン
- 小豆（硬めにゆでたもの）……1/4カップ

つくり方
1. ボールに地粉、塩、よもぎ粉を入れて混ぜ、柑橘酵母を入れてこねる。よくこねながら、飛び出してくる柑橘類の種と薄皮を取り除く。
2. 生地を手で広げ、小豆をのせて生地を折り込みながら混ぜていく。
3. きれいに丸めて密閉容器などに入れ、フタをして一晩発酵させる（p.74参照）。
4. 発酵したら、生地をスケッパーで5等分してなまこ形にまとめ、布巾をかけて暖かいところで15分ねかせる。
5. 30cmぐらいの長さにのばし、片端をつぶしてもう片端を包むようにつなげて輪にする。
6. 沸騰した湯（分量外）に入れて1分ゆで、裏返してさらに1分ゆで、ザルにあげる。
7. 6を菜種油（分量外）を塗った天板に並べ、230℃に予熱したオーブンに入れ、180℃に温度を下げて約20分焼く。

ごまベーグル

材料　5個分
- 地粉（できれば強力粉）……300g
- 塩……小さじ1
- 柑橘酵母（p.69参照）……1ビン
- 黒ごま（いったもの）……1/2カップ

つくり方
1. ボールに地粉、塩を入れて混ぜ、柑橘酵母を入れてこねる。よくこねながら、飛び出してくる柑橘類の種と薄皮を取り除く。
2. 生地を手で広げ、黒ごまをのせて生地を折り込みながら混ぜていく。
3. よもぎベーグルのつくり方3以降と同様の手順で仕上げる。

豆乳カッテージチーズ

材料　約1/2カップ分
- 豆乳（成分無調整のもの）……2カップ
- レモン汁……大さじ2
- 塩……小さじ1/2

つくり方
1. 豆乳を鍋に入れて中火にかけ、60℃にあたためる。レモン汁を入れて混ぜる。
2. ガーゼを使って水気をしぼる。
3. 塩を混ぜてできあがり。

Raisin and Nut Bread

INGREDIENTS ✻ (1 loaf)

200g	Unbleached white flour
100g	Whole wheat flour
1 tsp	Salt
100ml	Walnuts
100ml	Currants
1 jar	Raisin starter (See page 72)

METHOD
- Combine flour and salt. Add starter and knead.
- Add walnuts and currants and knead further.
- Place dough in a lidded container and let sit overnight in a warm place (8-10 hours at 20°C or 6-8 hours at 26°C).
- Fold and then shape elliptically.
- Place loaf on flour-covered gauze in a basket. Let sit for about 1 hour.
- Place trays on both top and bottom oven shelves. Put a brick on lower tray. Heat oven to 280°C.
- Take out the upper tray and place the loaf on it by flipping over the basket.
- Slash top of the loaf with a razor blade, spray with water, and place back on top shelf. At the same time, pour 100-200ml water onto the brick.
- Bake for 15 minutes at 210°C.
- Remove the lower tray. Then take out the tray with the loaf, turn it around, and place on bottom shelf. Spray the loaf again and bake for a further 5-10 minutes at 200°C.

レーズン酵母でつくる
レーズン&ナッツパン

香ばしいくるみがカランツと合います。
ワイルドな焼き上がりがいい感じ。

材料　1本分
- 地粉（できれば強力粉）……200g
- 完全粉（できれば強力粉）……100g
- 塩……小さじ1
- レーズン酵母(p.68参照)……1ビン
- くるみ……1/2カップ
- カランツ……1/2カップ

つくり方

1. ボールに地粉、完全粉、塩を入れて混ぜ、レーズン酵母をレーズンごと入れてこねる。
2. ある程度こねたら、いって刻んだくるみとカランツを混ぜてさらにこねる。
3. きれいに丸めて密閉容器などに入れ、フタをして一晩発酵させる(p.72参照)。
4. ザルに蒸し布を敷き、地粉(分量外)をふる。3の生地をなまこ形にまとめ閉じ目を上にしてザルに入れる。
5. 蒸し布をかぶせて暖かいところで1時間ぐらいねかせる。
6. p.73の9を参照してオーブンを280℃ぐらいに予熱しておく。
7. 上の天板を取り出して菜種油(分量外)を塗り、5のザルをひっくり返すようにしてパン生地をのせる。ザルと蒸し布を取り除き、カミソリでクープ（切れ目）を縦に1本入れる。
8. パン生地を霧吹きでしめらせ、天板ごとオーブンの上段に入れる。下の天板に1/2〜1カップの水(分量外)をジャッと入れてすぐ扉を閉め（蒸気でのやけどに注意）、210℃で約15分焼く。
9. 下の天板を取り出す。パンにもう一度霧を吹き、天板の前後の向きを変えて下段に入れる。200℃でさらに5〜10分焼く。

DECO
東京に住んでいたとき、
子どもたちを連れて
"ルヴァン"でパンを買い、
代々木公園でランチ……というのが、
一番贅沢でお気に入りの休日の
すごし方だった。
そのとき、必ず選んでいたのが、
メランジェというパン。
プロには足元にも及ばないけれど、
そのメランジェを思い出して
つくってみたよ。

80

柑橘酵母でつくる

フォカッチャ

オリーブの実を埋め込んで焼くフォカッチャ。
オリーブオイルをたっぷり塗って仕上げます。

材料　1枚分

- 地粉（できれば強力粉）……250g
- 完全粉（できれば強力粉）……50g
- 塩……小さじ1
- オリーブオイル……大さじ2
- 柑橘酵母(p.69参照)……1ビン

オリーブ（種抜き）……10〜15個

つくり方

1. ボールに地粉、完全粉、塩、オリーブオイルを入れて混ぜ、柑橘酵母を入れてこねる。よくこねながら、飛び出してくる柑橘類の種と薄皮を取り除く。
2. きれいに丸めて密閉容器などに入れ、フタをして一晩発酵させる(p.74参照)。
3. 発酵した生地を麺棒で厚さ1cmぐらいの楕円形にのばし、オリーブオイル（分量外）を塗った天板に置く。フォークでブツブツと穴をあけ、半分に切ったオリーブを埋め込む。
4. 布巾をかけて暖かいところで30分ぐらいねかせる。
5. 生地の表面にオリーブオイル（分量外）を塗り、天板ごと230℃に予熱したオーブンに入れ、200℃に温度を下げて約20分焼く。
6. キツネ色に焼けたら、表面にオリーブオイル（分量外）をたっぷり塗る。

DECO
オリーブの実を
わざわざ用意しなくても、
おいしいオリーブオイルを
たっぷりかけて、
塩をパラパラとふって焼く、
プレーンなフォカッチャもおいしい。
ローズマリーやバジルをのせても
香りがよくてサイコー！
いろいろ工夫してみてね。

Focaccia

INGREDIENTS ＊ (1 loaf)
250g	Unbleached white flour
50g	Whole wheat flour
1 tsp	Salt
2 tbsp	Olive oil
1 jar	Citrus starter (See page 74)
10-15	Olives

METHOD
- Combine flour, salt and olive oil. Add starter and knead (removing seeds and skin of citrus fruit). Let sit overnight in a warm place.
- Roll to 1 cm thick and place on oiled baking tray. Make impressions in the dough with a fork and dot with olive halves. Let it rise for 30 minutes.
- Preheat oven to 230℃. Drizzle dough with olive oil.
- Bake for 20 minutes at 200℃ until golden brown.

Grissini

INGREDIENTS ∗ (12 grissinis)

300g	Unbleached white flour
1 tsp	Salt
50ml	White sesame seeds (roasted)
2 tbsp	Dried basil
1 jar	Citrus fruit starter (See page 74)

TOPPING
- Poppy seeds
- Salt
- Olive oil

METHOD

- Combine flour and salt. Add starter slowly and knead until smooth and elastic (removing seeds and skin of citrus fruit).
- Divide dough in half. Mix sesame seeds into one half and basil into the other. Let sit overnight in a warm place.
- Divide each dough into 6 pieces. Roll into oblong shape. Cover with a cloth and let sit for 30 minutes.
- Roll out until 30cm in length and place on baking tray. Brush with olive oil and sprinkle poppy seeds on the basil dough. Sprinkle all with salt.
- Heat oven to 280°C, putting a brick on a tray on the bottom oven shelf.
- Place grissinis on tray on upper oven shelf. At the same time, pour 100-200ml water onto the brick.
- Bake for 15 minutes at 210°C (and a further 5-10 minutes if needed).

柑橘酵母でつくる

グリッシーニ

イタリア料理に合う細長いパン。
白ごま入りとバジル入りの2種類です。

材料　12本分
- 地粉（できれば強力粉）……300g
- 塩……小さじ1
- 柑橘酵母(p.69参照)……1ビン

白ごま（いったもの）……1/4カップ
乾燥バジル……大さじ2
オリーブオイル……適量
ポピーシード……適量
塩……適量

つくり方

1　ボールに地粉、塩を入れて混ぜ、柑橘酵母を入れてこねる。よくこねながら、飛び出してくる柑橘類の種と薄皮を取り除く。

2　生地をスケッパーで2等分してひとつに白ごま、もうひとつに乾燥バジルを混ぜ込む。それぞれきれいに丸めて密閉容器などに入れ、フタをして一晩発酵させる(p.74参照)。

3　発酵した生地をスケッパーでそれぞれ6等分してなまこ形にし、布巾をかけて暖かいところで30分ぐらいねかせる。

4　p.75の9を参照してオーブンを280℃ぐらいに予熱しておく。

5　3の生地をそれぞれ30cmぐらいの長さに細長くのばす。上の天板を取り出してオリーブオイルを塗り、生地を並べる。表面にオリーブオイルを塗り、バジルのほうにはポピーシードをふりかけて手で押さえる。

6　塩をパラパラとふりかけ、天板ごとオーブンの上段に入れる。下の天板に1/2～1カップの水（分量外）をジャッと入れてすぐ扉を閉め（蒸気でのやけどに注意）、210℃に下げて約15分焼く。

7　様子をみて、さらに5～10分焼く。

DECO
パリッと焼けたグリッシーニと
ラタトゥイユ、
そして冷えた赤ワイン。
サイコーにおいしい組み合わせだよね。
グリッシーニは酵母を入れずに、
粉と塩と水で練っただけでも
十分おいしくできるよ。
試してみて。

84

レーズン酵母でつくる
シナモンロール

レーズンとよく合うシナモンとくるみをロール。
シナモンの風味が食欲をそそります。

材料　6個分

- 地粉（できれば強力粉）……300g
- 塩……小さじ1
- 菜種油……1/4カップ
- レーズン酵母（p.68参照）……1ビン弱

菜種油……大さじ1
レーズン……1カップ
くるみ……1/2カップ
シナモンパウダー……適量

つくり方

1. ボールに地粉、塩、菜種油1/4カップを入れて混ぜ、レーズン酵母をレーズンごと入れてこねる。
2. きれいに丸めて密閉容器などに入れ、フタをして一晩発酵させる（p.72参照）。
3. 発酵した生地を、30×25×厚さ1.5cmぐらいに麺棒でのばす。
4. 表面に菜種油大さじ1を塗り、刻んだレーズン、いって刻んだくるみを散らしてシナモンパウダーをたっぷりふる。
5. 端からくるくると丸め、包丁で6等分の輪切りにする。
6. オーブンを280℃ぐらいに予熱しておく。このとき、下の天板だけ入れておき、レンガまたは洗った小石をパイ皿などに入れて置いておく。
7. 別の天板に菜種油（分量外）を塗って5を並べ、上から手で押さえて形を整える。
8. 天板ごとオーブンの上段に入れる。下の天板に1/2〜1カップの水（分量外）をジャッと入れてすぐ扉を閉め（蒸気でのやけどに注意）、210℃に下げて15〜20分焼く。

Cinnamon Roll

INGREDIENTS ✴ (6 rolls)

········DRY········
300g	Unbleached white flour
1 tsp	Salt

········WET········
50ml	Canola oil
1 jar	Raisin starter (See page 72)

FILLING
1 tbsp	Canola oil
200ml	Raisins
100ml	Walnuts (roasted and chopped)
	Cinnamon powder (to taste)

METHOD

- Combine dry ingredients and canola oil. Add raisin starter slowly and knead.
- Let sit overnight in a warm place.
- Roll out dough 1.5cm thick (30cm x 25cm).
- Brush dough with canola oil and top with raisins and walnuts. Dust with cinnamon powder and roll.
- Slice into 6 pieces. Place on oiled baking tray on upper oven shelf pre-heated to 280℃. Pour 100-200ml water onto the brick.
- Bake for 15-20 minutes at 210℃.

DECO
とっても甘くて香りのいい、
おやつにぴったりのパン。
レーズンやくるみの量は
好みで加減してね。

Pizza

INGREDIENTS ✶ (two 25cm pizzas)

250g	Unbleached white flour
50g	Whole wheat flour
1 tsp	Salt
2 tbsp	Olive oil
150ml	Rice and yam starter (See page 70)
100ml	Water

TOPPING

4-5	Potatoes (peeled and sliced 7-8mm thick)
	Rosemary (to taste)
	Salt (to taste)
	Coarsely ground black pepper (to taste)
	Olive oil (to taste)

METHOD
- Combine flour and salt and add olive oil.
- Add starter and knead until smooth and elastic (Add water as needed). Let sit overnight in a warm place.
- Steam or boil (with a little water) potatoes.
- Divide dough in half and fold over. Cover and let sit for 30 minutes.
- Roll the dough until 25cm in diameter and place on oiled baking tray. Drizzle with olive oil and cover with topping.
- Preheat oven to 230℃.
- Bake for 15 minutes at 200℃ until golden brown.

こうぼっちでつくる
じゃがいもとローズマリーのピザ

オリーブオイルたっぷり、じゃがいものピザ。
ローズマリーがいい香り。

材料　2枚分
* 生地
  - 地粉（できれば強力粉）……250g
  - 完全粉（できれば強力粉）……50g
  - 塩……小さじ1
  - オリーブオイル……大さじ2
  - こうぼっち（p.68参照）……3/4カップ
  - 水……1/2カップ弱
* 具
  - じゃがいも……4〜5個
  - オリーブオイル……適量
  - 塩……適量
  - 粗びき黒こしょう……少々
  - ローズマリー……適量

DECO
畑でじゃがいもがとれだすと、
必ずつくるわが家の定番ピザ。
チーズなしでもとってもおいしい！

つくり方
1. ボールに地粉、完全粉、塩、オリーブオイルを入れて混ぜる。
2. こうぼっちを入れて混ぜ、水を少しずつ加えながらよくこねる。
3. きれいに丸めて密閉容器などに入れ、フタをして一晩発酵させる（p.71参照）。
4. じゃがいもの皮をむき、7〜8mmぐらいの厚さに切り、蒸し器で蒸す（鍋にじゃがいもと少量の水＜分量外＞を入れ、フタをして蒸し煮にしてもいい）。
5. 発酵した生地をスケッパーで2等分して丸めなおし、布巾をかけて暖かいところで30分ぐらいねかせる。
6. 麺棒で直径25cmぐらいにのばし、オリーブオイル（分量外）を塗った天板に置く。生地の表面にオリーブオイルを塗り、4を並べて塩、粗びき黒こしょうをふる。オリーブオイルをたっぷりかけてローズマリーを散らす。
7. 230℃に予熱したオーブンに入れ、200℃に温度を下げて約15分焼く。
8. キツネ色に焼け、じゃがいもにも少しこげめがついたら焼き上がり。

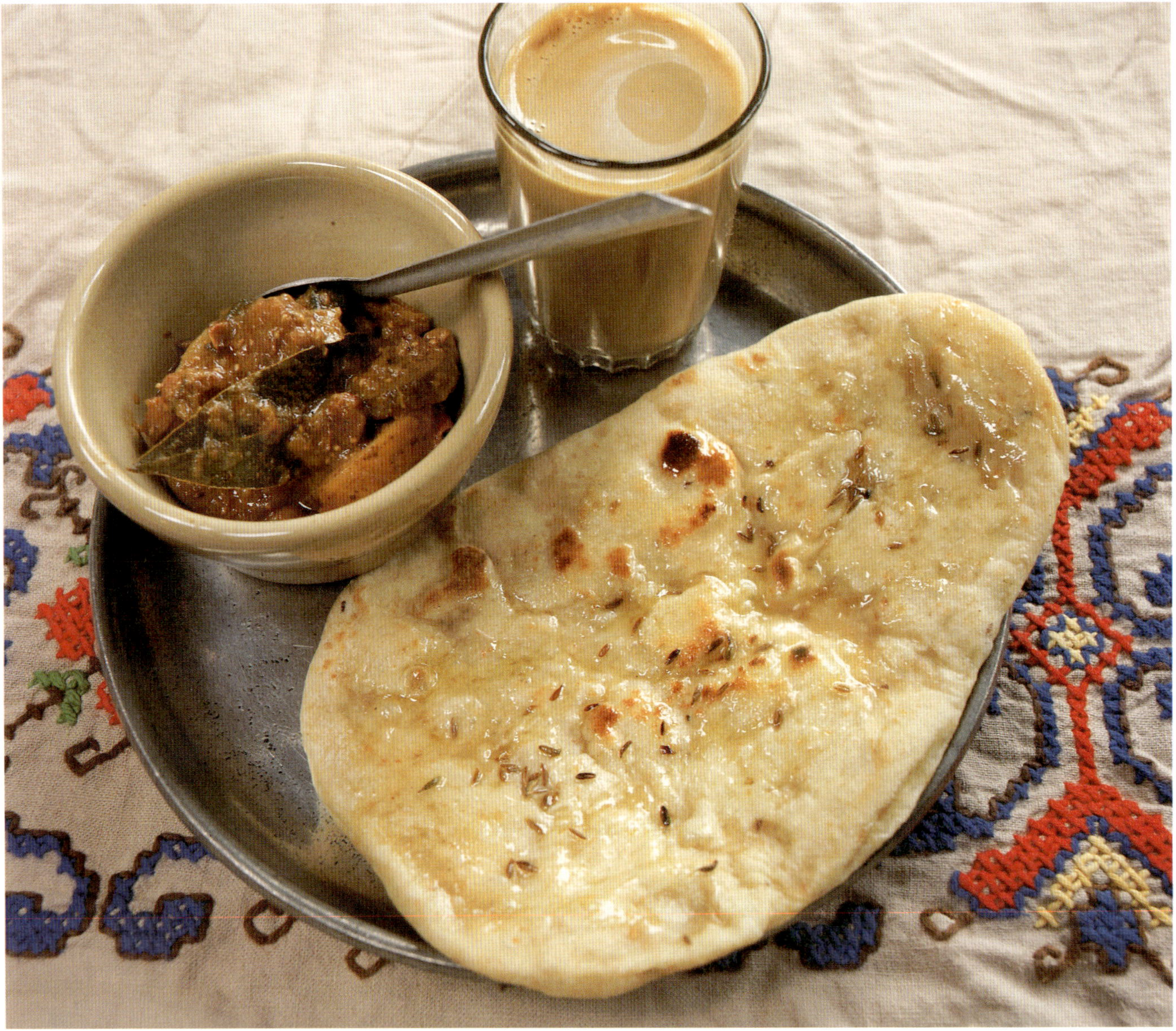

こうぼっちでつくる

ナン

成形したらフライパンで焼きます。
インドカレーと豆乳チャイを合わせて食べましょう。

材料　4枚分

- 地粉（できれば強力粉）……300g
- 塩……小さじ1
- こうぼっち（p.68参照）……3/4カップ
- 水……約1/2カップ

クミンシード……適量
オリーブオイル……適量

つくり方

1. ボールに地粉、塩を入れて混ぜる。
2. こうぼっちを入れて混ぜ、水を少しずつ加えながらよくこねる。
3. きれいに丸めて密閉容器などに入れ、フタをして一晩発酵させる（p.71参照）。
4. 発酵した生地をスケッパーで4等分して丸め、布巾をかけて暖かいところで30分ぐらいねかせる。
5. 麺棒でインドの国の形にのばし、クミンシードをふりかけて手で押さえる。
6. 熱したフライパンで油をひかずに両面をこんがり焼く。
7. 表面にオリーブオイルを塗る。

INGREDIENTS ＊ (4 portions)

300g	Unbleached white flour
1 tsp	Salt
150ml	Rice and yam starter (See page 70)
100ml	Water
	Cumin seeds (to taste)
	Olive oil

METHOD

- Combine flour and salt. Add starter and water and knead until smooth and elastic. Let sit overnight in a warm place.
- Divide dough into 4 and shape into balls. Cover with a cloth and let sit for 30 minutes.
- Roll each ball into rounded oblong shape and dot with cumin seeds.
- Fry both sides until golden brown.
- Drizzle one side with olive oil.

Nan Bread

「酒かす酵母」を使って簡単パンづくり

最近わが家で愛用している酵母が「酒かす」（火入れせず、微生物が生きていることが条件）。酒かす大さじ3に3/4カップの水を入れて10分おいてから、粉に入れてこねるだけ。酵母をおこす時間も手間もいらず、簡単ラクチン。ウチでは寺田本家（※）という造り酒屋さんにお酒を頼むときに『にぎり酒』という酒かすを購入しています。全国各地の造り酒屋さんでも生きている酒かすが手に入る可能性があるので、問い合わせてみましょう。

※寺田本家の問い合わせ先
〒289-0221　千葉県香取郡神崎町神崎本宿1964
TEL.0478-72-2221
http://www.teradahonke.co.jp
発芽玄米酒「むすひ」の玄米酒かす
『にぎり酒』300g入り 157円

Pita Bread

INGREDIENTS ✶ (8 portions)
200g	Unbleached white flour
100g	Whole wheat flour
1 tsp	Salt
150ml	Rice and yam starter (See Page 70)
100ml	Water

METHOD
- Combine flour and salt. Add starter.
- Add water slowly and knead.
- Let sit overnight in a warm place.
- Divide dough into 8 and fold over. Let sit for 20-30 minutes.
- Roll each piece into circles 15cm in diameter.
- Dry roast both sides in frying pan until dry. Place on griddle and cook until balloons fully or bake for 1-1 1/2 minutes at 280°C.
- Cut in half.

Hummus

INGREDIENTS ✶ (approx 800ml)
300ml	Chick peas
2x5cm	Piece kombu
1 clove	Garlic (grated)
1 tsp	Salt
2 ½ tbsp	Lemon juice
2 tbsp	Tahini
3 tbsp	Olive oil

METHOD
- Soak chick peas in 900ml water overnight.
- Pressure-cook soaked chick peas in 1200ml water with kombu for 40 minutes. Save water.
- Puree drained chick peas with all other ingredients in a food processor. (Add more water from cooked chick peas or salt if needed).

こうぼっちでつくる ピタパン＆ハモス

薄くて袋になったパン。
好みの野菜やおかずをサンドして食べます。

ピタパン

材料　8枚分

- 地粉（できれば強力粉）……200g
- 完全粉（できれば強力粉）……100g
- 塩……小さじ1
- こうぼっち(p.68参照)……3/4カップ
- 水……約1/2カップ

つくり方

1. ボールに地粉、完全粉、塩を入れて混ぜる。
2. こうぼっちを入れて混ぜ、水を少しずつ加えながらよくこねる。
3. きれいに丸めて密閉容器などに入れ、フタをして一晩発酵させる(p.71参照)。
4. 発酵した生地をスケッパーで8等分して丸めなおし、布巾をかけて暖かいところで20〜30分ねかせる。
5. 麺棒で直径15cmぐらいの円形に薄くのばす。
6. 熱したフライパンで油をひかずに表面を乾かすように両面を焼く。
7. 弱火にかけたもち焼き網にのせ、ぷっくり内側にポケットが開くように焼く(280℃に予熱したオーブンの天板にのせて1〜1分半焼いてもOK)。
8. 半分に切ってハモスや好みの野菜やおかずをはさむ。

ハモス

材料　約3カップ分

- ひよこ豆……1 1/2カップ
- 水……5カップ
- 昆布……1切れ
- にんにく……1かけ
- レモン汁……大さじ2 1/2
- 塩……小さじ1
- 白ごまペースト……大さじ2
- オリーブオイル……大さじ3

つくり方

1. ひよこ豆を3倍の水（分量外）に一晩浸しておく。
2. 水を吸った豆をザルにあげ、水を切る。圧力鍋に入れ、水5カップと昆布も入れてフタをセットする。中火にかけ、圧がかかったら約40分加圧し、急冷してフタをあけ、ザルにあげる（煮汁はとっておく）。
3. 豆と煮汁約1/2カップ、おろしたにんにく、レモン汁、塩、白ごまペースト、オリーブオイルをフードプロセッサーにかける。
4. 味をみて、塩やレモン汁（ともに分量外）で好みの味に調味する。

DECO
ピタパンはきんぴらや切り干し大根など
和風のおかずをはさんでも good！
冷蔵庫の整理に一役買ってくれるよ。

INGREDIENTS ✳ (17 × 7 × 7cm bread tin)

DRY
- 200g Rye flour
- 100g Whole wheat flour
- 1 tsp Salt

WET
- 2 tbsp Hoshino starter
- 200ml Water
- 1 tbsp Mirin
- 1 tsp Caraway seeds

METHOD
- Combine dry ingredients.
- Dissolve hoshino starter in water.
- Add starter, mirin and caraway seeds to dry ingredients.
- Knead into a dough and place in oiled bread tin.
- Let sit overnight in a warm place (8-10 hours at 20°C or 6-8 hours at 26°C).
- Sift rye flour on top and cover with aluminium foil.
- Heat oven to 280°C, putting a brick on a tray on the bottom oven shelf.
- Place bread on tray on upper oven shelf. At the same time, pour 100-200ml water onto the brick.
- Bake for 30 minutes at 200°C.
- Remove the lower tray. Then take out the tray with the loaf, turn it around, and place on bottom shelf. Bake for a further 30 minutes.

Rye Bread

Hoshino Starter

INGREDIENTS
- 200ml Water (30°C)
- 100g Hoshino natural yeast

METHOD
- Combine hoshino natural yeast and water and place in a sterilized jar. Put lid on loosely and let sit for 2-3 days in a warm place (around 26°C). The starter may be kept in the refrigerator (with lid on) for one month.

ホシノ天然酵母でつくる
ライ麦パン

ライ麦粉を使ったどっしりした味わいのあるパン。
ホシノ天然酵母でつくってみました。
薄く切って召し上がれ。

材料　17×7×高さ7cmの型1台分
- ライ麦粉……200g
- 完全粉（できれば強力粉）……100g
- 塩……小さじ1
- ホシノ天然酵母生種……大さじ2
- 水……1カップ

本みりん……大さじ1
キャラウェイシード……小さじ1

つくり方

1. ボールにライ麦粉、完全粉、塩を入れて混ぜる。
2. ホシノ天然酵母生種を水にといて加え、本みりん、キャラウェイシードも入れて混ぜる（ライ麦粉はグルテンが少ないので生地に弾力が出ない。まとまればOK）。
3. 菜種油（分量外）を塗った型に入れ、ゴムべらで隅まで詰める。
4. 型ごとポリ袋などに包み、20℃なら8～10時間、26℃なら6～8時間発酵させる。
5. 発酵したら、生地の上にライ麦粉（分量外）をふり、アルミホイルでフタをする。
6. p.71の10を参照してオーブンを280℃ぐらいに予熱しておく。
7. 5を型ごとオーブンの上段に入れる。下の天板に1/2～1カップの水（分量外）をジャッと入れてすぐフタを閉め（蒸気でのやけどに注意）、200℃に下げて約30分焼く。
8. 上下の天板を入れ替え、パンをのせた天板は前後の向きも変える。200℃でさらに約30分焼き、アルミホイルを外して少し焼いて焼き色をつける。

ホシノ天然酵母生種のおこし方

【材料】
ぬるま湯（30℃ぐらい）……1カップ
ホシノ天然酵母パン種
　　……100g（約3/5カップ）

【つくり方】
1. 煮沸消毒したビンにホシノ天然酵母パン種とぬるま湯を入れ、菜箸でおから状になるまでよくかき混ぜる。
2. フタをのせて室温で2～3日置いておく（26℃なら24時間）。
3. 気泡がいっぱいできて量が増えたあと、落ち着いてポタージュ状になり、酒のようなにおいがしてきたら生種のできあがり。

※冷蔵庫に保存しておけば約1カ月は使用できる。

Azuki Raisin Buns and Veggie Buns

INGREDIENTS ∗ (12 portions)

DOUGH

DRY
- 600g Unbleached white flour
- 1 tsp Salt

WET
- 200ml Brown rice amazake
- 3 tbsp Hoshino starter (See page 92)
- 100ml Water

FILLING

AZUKI RAISIN JAM
- 300ml Azuki raisin paste (See page 19)
- 3 tbsp Black tahini

VEGETABLE
- ½ Burdock
- 1 Onion
- ½ Lotus root
- ½ Carrot
- 2 tbsp Sesame oil
- ½ tbsp Ginger (finely chopped)
- 2 tbsp Miso

TOPPING
- 6 Dried kuko
- Black sesame seeds

METHOD

- Combine dry ingredients and add amazake.
- Dissolve hoshino starter in water and add to amazake mixture slowly. Knead to form soft dough. Let sit overnight in a warm place (8-10 hours at 20°C or 6-8 hours at 26°C).
- Azuki raisin paste filling: Combine azuki raisin paste and tahini and divide into 6 balls.
- Vegetable filling: Chop vegetables finely. Heat sesame oil. Fry burdock, then onion, lotus root and finally carrot. Add miso and 200ml water. Cover and simmer until soft and liquid evaporated. Add ginger and remove from heat.
- Divide dough into 12 pieces. Wrap 6 pieces around azuki raisin paste. Top with sesame seeds. Fill 6 pieces with takana mixture. Top with kuko.
- Steam for 15-20 minutes.

ホシノ天然酵母でつくる
あんまんと野菜まん

蒸し器で蒸してほかほかのうちに食べたい具だくさんのおまんじゅう。
野菜の具と小豆あんの2種類です。

材料 12個分

- *皮
  - 地粉……600g
  - 塩……小さじ1
  - 玄米甘酒……1カップ
  - ホシノ天然酵母生種(p.93参照)……大さじ3
  - 水……1/2カップ
- *小豆あん
  - レーズンあん(p.18参照)……1 1/2カップ
  - 黒ごまペースト……大さじ3
- *野菜の具
  - ごま油……大さじ2
  - ごぼう……1/2本
  - 玉ねぎ……1個
  - れんこん……中1/2節
  - にんじん……1/2本
  - みそ……大さじ2
  - 水……1カップ
  - しょうが(みじん切り)……大さじ1/2
- 黒ごま(飾り用・いったもの)……適量
- クコの実(飾り用)……6粒
- 経木……適量

つくり方

1. ボールに地粉と塩を入れ、玄米甘酒を入れて混ぜる。
2. ホシノ天然酵母生種を水にといて少しずつ加え、こねる。様子をみながら少しずつ水(分量外)を加えてよくこねる(耳たぶくらいの柔らかさになるように)。
3. きれいに丸めて密閉容器などに入れ、フタをして一晩発酵させる(発酵時間は20℃なら8～10時間、26℃なら6～8時間)。
4. ボールにレーズンあんと黒ごまペーストを入れて混ぜ、6等分して丸める。
5. 野菜の具の材料のうち、野菜をすべてみじん切りにする。
6. 鍋にごま油を入れて熱し、ごぼうをよく炒める。あくが抜けて甘い香りがしてきたら、玉ねぎを入れてよく炒める。次にれんこん、にんじんを順次加えて炒め、みそをのせて水を入れ、フタをして煮る。
7. 野菜が柔らかくなったら木べらで混ぜながら煮つける。水分がなくなったら、しょうがを混ぜて火からおろす。
8. 3をスケッパーで12等分して丸め、手で平たい円形にのばし、6枚は4を、残り6枚は7を包んで形を整える。小豆あんのほうには黒ごまを、野菜の具のほうにはクコの実を飾る。
9. 6cm四方に切った経木にのせて蒸し器で15～20分蒸す。

Corn Bread

INGREDIENTS ✳ (18 × 25cm casserole)

DRY
400ml	Cornmeal
400ml	Unbleached white flour
2 tsp	Baking powder
1 tsp	Salt

WET
100ml	Canola oil
300ml	Water
1	Corn on the cob (boiled and corn removed)

METHOD
- Combine dry ingredients.
- Add canola oil and mix with both hands.
- Add corn and water and mix.
- Pour into an oiled baking tin and bake for 20-30 minutes at 180°C.

Salsa

INGREDIENTS
1	Tomato (diced)
¼	Onion
2 tbsp	Rice vinegar
2 tbsp	Olive oil
¼ tsp	Salt
½ tsp	Cumin powder
	Pepper (to taste)
	Fresh cilantro leaves (to taste, chopped)
	Cayenne pepper (to taste)

METHOD
- Finely chop onion, rub with salt and soak in water until desired taste.
- Drain onion and tomato, then combine all ingredients.

ベーキングパウダーでつくる
コーンブレッド＆サルサソース

サルサソースをかけて食べると朝食やブランチにぴったり。
メープルシロップをかければおやつにもなります。

コーンブレッド

材料　18×25cm のキャセロール 1 個分

- コーンミール……2 カップ
- 地粉……2 カップ
- ベーキングパウダー……小さじ 2
- 塩……小さじ 1

菜種油……1/2 カップ
とうもろこし……1 本（冷凍コーンの場合は 1 カップ）
水……1 1/2 カップ

つくり方

1. ボールにコーンミール、地粉、ベーキングパウダー、塩を入れて混ぜる。
2. 菜種油を加え、両手ですり混ぜる。ゆでたとうもろこしの身を削って加え、水を少しずつ入れて混ぜる。
3. 菜種油（分量外）を塗ったキャセロールに 2 を流し入れ、180℃に予熱したオーブンで 20～30 分焼く。

DECO
私のパートナー、
エバレットさんのお母さんに教わったレシピをアレンジ。
いわゆる彼の「お袋の味」だね。
ウチでは日曜のブランチによく登場している。

サルサソース

材料　1～2 カップ分

玉ねぎ……1/4 個
トマト……1 個

- 米酢……大さじ 2
- オリーブオイル……大さじ 2
- 塩……小さじ 1/4
- クミンパウダー……小さじ 1/2
- こしょう……少々
- コリアンダーリーフ（みじん切り）……適量
- カイエンペッパー……適量

つくり方

1. 玉ねぎをみじん切りにして塩少々（分量外）でもみ、水（分量外）にさらす。
2. トマトは細かい角切りにする。
3. 1 と 2 の水気を切り、その他の材料と混ぜてできあがり。

Deco's Special Muffins

Carrot Muffins

Komatsuna and Millet Muffins

Muffins

Deco's Special Muffins

INGREDIENTS ∗ (10 muffins)

·········DRY
- 400ml　Unbleached white flour
- 200ml　Cornmeal
- 1 tbsp　Baking powder
- 1 tsp　Cinnamon powder
- 100ml　Coconut powder
- 1 tsp　Salt

·········WET
- 100ml　Maple syrup
- 100ml　Canola oil
- 150g　Tofu
- 150ml　Apple juice
- 1　Apple (peeled, cored and diced into 5mm cubes)

METHOD
- Dip diced apple in salted water. Place apple in saucepan and simmer with lid on until transparent.
- Combine dry ingredients in a bowl and add apples.
- Mix remaining wet ingredients in a food processor. Add wet ingredients to dry ingredients and mix.
- Pour batter into oiled muffin pan.
- Bake for 15-20 minutes at 180℃.

デコのスペシャルマフィン

材料　10個分

りんご……1個

∗塩水
- 水……1/2 カップ
- 塩……小さじ 1/2

∗A
- 地粉……2 カップ
- コーンミール……1 カップ
- ベーキングパウダー……大さじ 1
- 塩……小さじ 1/2
- シナモンパウダー……小さじ 1
- ココナツパウダー (p.109 参照)……1/2 カップ

∗B
- メープルシロップ……1/2 カップ
- 菜種油……1/2 カップ
- 木綿豆腐……1/2 丁
- りんごジュース……3/4 カップ

つくり方

1. りんごは皮をむき、芯を取って 5mm 角に切り、塩水にさっとくぐらせてから鍋に入れる。フタをして弱火にかけ、透き通る寸前に火からおろして常温で冷ましておく。
2. ボールにAの材料を入れて混ぜる。
3. Bの材料をフードプロセッサーにかけ、よく撹拌する。
4. 2に1を入れて混ぜ、3を加えて粉っぽさがなくなるまでざっくり混ぜる。
5. 菜種油 (分量外) を塗ったマフィン型に4を流し入れ、180℃に予熱したオーブンで 15～20 分焼く。竹串をさして生地がついてこなければ焼き上がり。

ベーキングパウダーでつくる

マフィン

にんじん入り、小松菜ともちきび入り、そして、りんごやココナツパウダーを入れたスペシャルバージョンの3種です。

DECO
りんごを煮崩れしないように硬めに煮るのがポイント。
全部の材料をそろえなくてもOK！
粉の種類や具を替えて、オリジナルの自分流スペシャルマフィンをつくってみてね。

小松菜ともちきびのマフィン

材料　10個分

- 水……3/4 カップ
- もちきび……1/2 カップ
- 塩……少々

- 小松菜……1 わ
- 菜種油……大さじ 1/2
- 塩……小さじ 1/4
- こしょう……少々

*A
- メープルシロップ……1/4 カップ
- 木綿豆腐……1/2 丁
- 菜種油……1/2 カップ
- りんごジュース……3/4 カップ
- 塩……小さじ 1/2

*B
- 地粉……3 カップ
- ベーキングパウダー……大さじ 1

つくり方

1. 鍋に水を入れて中火にかけ、沸騰したら洗ったもちきびと塩を入れる。木べらでかき混ぜながら、ゆっくりともちきびに水分を含ませる。鍋底に木べらで字が書けるくらいになったらフタをして、ごく弱火で 15 分炊き、火を止めて 10 分むらす。
2. 小松菜を千切りにし、フライパンに菜種油を熱して炒める。塩、こしょうをふって味をつける。ザルにあげて水気を切っておく。
3. Aの材料をフードプロセッサーにかけてよく混ぜる。
4. ボールにBの材料を入れて混ぜ、1、2、3 を加えてざっくり混ぜる。
5. 菜種油（分量外）を塗ったマフィン型に流し入れ、180℃に予熱したオーブンで 15 ～ 20 分焼く。

Komatsuna and Millet Muffins

INGREDIENTS ✶ **(10 muffins)**

·············· DRY
- 600ml　Unbleached white flour
- 1 tbsp　Baking powder

·············· WET
- 50ml　Maple syrup
- 150g　Tofu
- 100ml　Canola oil
- 150ml　Apple juice
- ½ tsp　Salt

FILLING
- 150ml　Water
- 100ml　Mochikibi millet (washed)
- 　　　　Salt (to taste)
- 1 bunch　Komatsuna (finely chopped)
- ½ tbsp　Canola oil
- ¼ tsp　Salt
- 　　　　Pepper (to taste)

METHOD

● Filling: Bring water to a boil in saucepan. Add millet and salt. Simmer and stir constantly until able to write letters on base of saucepan with spatula. Cover and reduce heat to very low and simmer for further 15 minutes. Remove from heat and let sit for 10 minutes.
● Stir fry komatsuna in canola oil and season with salt and pepper. Drain.
● Puree wet ingredients in a food processor and add to dry ingredients.
● Combine all ingredients.
● Pour batter into oiled muffin pan and bake for 15-20 minutes at 180℃.

にんじんのマフィン

材料　10個分

* A ┌ 地粉……3カップ
　　└ ベーキングパウダー……大さじ1
* B ┌ にんじん……1本
　　└ 塩……小さじ1/4
* C ┌ にんじん……1本
　　│ メープルシロップ……1/4カップ
　　│ 木綿豆腐……1/2丁
　　│ 菜種油……1/2カップ
　　│ りんごジュース……3/4カップ
　　│ 塩……小さじ1/2
　　└ レモン汁……大さじ1

つくり方

1. Aの材料をボールに入れて混ぜる。
2. Bのにんじんを皮をむかずに1cm角ぐらいに切り、塩をまぶして鍋でからいりする。水少々（分量外）を加えてフタをし、蒸し煮にする。歯ごたえが少し残るくらいに火が通ったらフタを取って水気を飛ばす。
3. Cの材料のにんじんは皮をむかずにぶつ切りにして、ほかの材料といっしょにフードプロセッサーにかける。
4. 1に2と3を入れてざっくりと混ぜ合わせ、水気がたりないようであれば、りんごジュース（分量外）をたす。
5. 菜種油（分量外）を塗ったマフィン型に流し入れ、180℃に予熱したオーブンで15〜20分焼く。

Carrot Muffins

INGREDIENTS ✳ (10 muffins)
…………DRY
600ml　Unbleached white flour
1 tbsp　Baking powder
…………WET
50ml　Maple syrup
150g　Tofu
100ml　Canola oil
150ml　Apple juice
½ tsp　Salt
1 tbsp　Lemon juice
1　Carrot (chopped)
FILLING
¼ tsp　Salt
1　Carrot (diced into 1cm cubes)

METHOD
● Prinkle diced carrot with salt and dry roast in a frying pan. Add a little water, cover and continue to cook. Remove lid and reduce moisture.
● Puree wet ingredients in a food processor.
● Combine all ingredients (If too dry, add a little apple juice).
● Pour batter into oiled muffin pan and bake for 15-20 minutes at 180℃.

Scones

Multigrain Scones

INGREDIENTS ✶ (20 scones, diameter 5cm)

DRY
400ml	Unbleached white flour
150ml	Whole wheat flour
100ml	Oatmeal
½ tsp	Salt
2 tsp	Baking powder
50ml	Kuzu powder

WET
100ml	Canola oil
150ml	Apple juice

METHOD
- Dissolve kuzu powder in apple juice. Combine remaining dry ingredients and canola oil in separate bowl.
- Add apple juice and kuzu powder to flour and mix to form soft dough.
- Roll out dough into round circles 1.5cm thick.
- Using a 5cm cutter, cut out 20 scones.
- Place on an oiled baking tray and bake for 15-20 minutes at 170°C until golden brown.

Cocoa Scones

INGREDIENTS ✶ (20, Diameter 5cm)

DRY
450ml	Unbleached white flour
100ml	Cocoa powder
100ml	Oatmeal
½ tsp	Salt
2 tsp	Baking powder
50ml	Kuzu powder

WET
100ml	Canola oil
150ml	Apple juice

METHOD
- Dissolve kuzu powder in apple juice. Combine remaining dry ingredients and canola oil in separate bowl.
- Add apple juice and kuzu powder to flour and mix to form soft dough.
- Roll out dough into round circles 1.5cm thick.
- Using a 5cm cutter, cut out 20 scones.
- Place on oiled baking tray and bake for 15-20 minutes at 170°C until golden brown.

Apple Jam

INGREDIENTS
3	Apples (peeled, cored and sliced 5mm thick)
1/2tsp	Cinnamon powder

METHOD
- Dip apple slices in salted water (1tsp salt and 200ml water) and place in saucepan. Add cinnamon powder and simmer with lid on until tender.
- Stir constantly, uncovered, until thick.

ベーキングパウダーでつくる
スコーン

完全粉入りとココア入りの2種のスコーン。
簡単にできる自家製りんごジャムをつけて食べてみて。

完全粉入りスコーン

材料　直径5cmのスコーン型20個分
* A ― 地粉……2カップ
　　　完全粉……3/4カップ
　　　オートミール……1/2カップ
　　　塩……小さじ1/2
　　　ベーキングパウダー……小さじ2
　　　菜種油……1/2カップ
* B ― りんごジュース……3/4カップ
　　　葛粉……1/4カップ

ココア入りスコーン

材料　直径5cmのスコーン型20個分
* A ― 地粉……2 1/4カップ
　　　ココアパウダー……1/2カップ
　　　オートミール……1/2カップ
　　　塩……小さじ1/2
　　　ベーキングパウダー……小さじ2
　　　菜種油……1/2カップ
* B ― りんごジュース……3/4カップ
　　　葛粉……1/4カップ

つくり方
1. ボールにAの材料を入れてよく混ぜる。
2. Bの材料を別のボールに入れてよくとく。
3. 1に2を入れ、ざっくり混ぜ合わせる。粉っぽさがなくなり、耳たぶくらいの柔らかさになったら麺棒で1.5cmぐらいの厚さにのばし、スコーン型（またはコップなど）で抜く。菜種油（分量外）を塗った天板にのせ、170℃に予熱したオーブンで15～20分焼く。カリッとしてキツネ色に焼けたらできあがり。

DECO
サクサクッとした歯ざわりのスコーン。
甘みはほとんど入っていないので、
好みのジャムやメープルシロップをかけて、
ハーブティーといっしょに食べるとおいしい。
りんごジャムは紅玉が手に入ったら
皮つきのまま煮てみよう。
ピンク色のきれいなジャムになるよ。

りんごジャム

材料　約2カップ分
りんご……3個
* 塩水 ― 水……1カップ
　　　　塩……小さじ1
シナモンパウダー……小さじ1/2

つくり方
1. りんごの皮をむき、芯を取って5mm程度の厚さのいちょう切りにする。
2. 塩水にさっとくぐらせて鍋に入れ、シナモンパウダーをふる。フタをして弱火にかけ、蒸し煮にする。
3. りんごが透き通るくらいになったら、フタを取って木べらで混ぜながら水気を飛ばす。

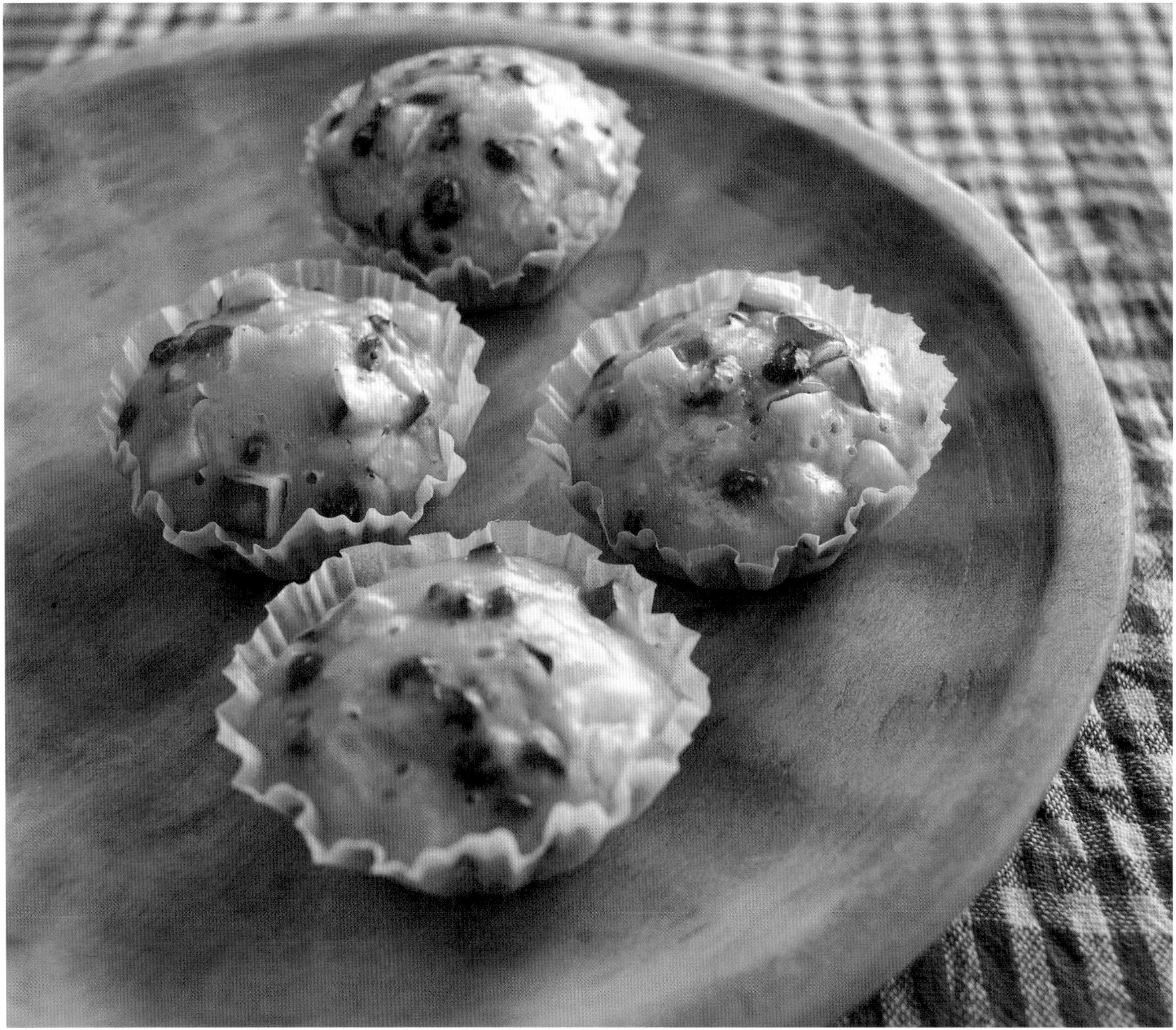

ベーキングパウダーでつくる

さつまいも入り蒸しパン

角切りさつまいもとレーズン入り。
おやつにも、秋の行楽にも、休日のランチにも。

材料　口径約 7cm の紙カップ 10 個分

- 地粉……2 カップ
- ベーキングパウダー……小さじ 2
- 塩……小さじ 1/2

さつまいも……1/2 本(約 100g)
レーズン……1/2 カップ
りんごジュース……1 カップ

つくり方

1. ボールに地粉、ベーキングパウダー、塩を入れて混ぜる。
2. さつまいもは 8mm 角に切る。
3. レーズンはざく切りにする。
4. 1 に 2、3 を入れ、りんごジュースを少しずつ加えて混ぜる。
5. 紙カップなどに流し入れ、蒸し器で 20 〜 25 分蒸す。

INGREDIENTS ✳ (10 portions, diameter 7cm)

400ml	Unbleached white flour
2 tsp	Baking powder
½ tsp	Salt
½ or 100g	Sweet potato (cut into 8mm cubes)
100ml	Raisins (chopped finely)
200ml	Apple juice

METHOD

- Combine flour, baking powder and salt. Add sweet potato and mix.
- While stirring, add apple juice slowly.
- Apportion mixture among 10 paper cups and steam for 20-25 minutes.

DECO
さつまいもとレーズン、そして
りんごジュースの素朴な甘みの蒸しパン。
ベーキングパウダーで
ふくらませているので、とてもお手軽。
思い立ったときに
すぐできちゃうおやつだよ。

Steamed Bread with Sweet Potato

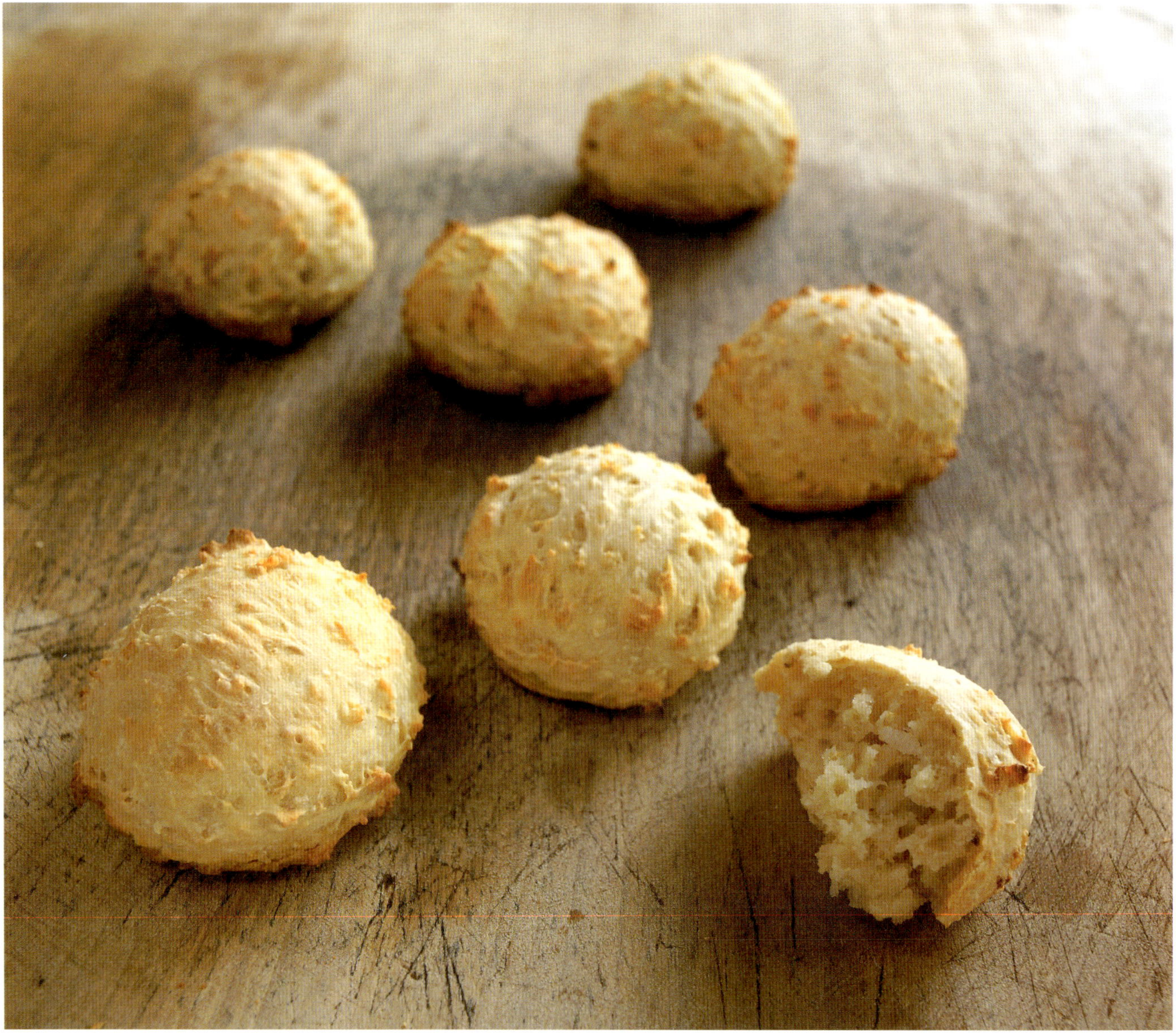

玄米がゆでつくる
おかゆパン

おかゆが残ったらおやつに再利用。
レーズンやナッツ、ごまを入れたりしてもおいしくできます。

材料　8個分
玄米がゆ（下欄を参照）……2 カップ
地粉……2 カップ
塩……小さじ 1/2

つくり方
1　玄米がゆをボールに入れ、常温で冷ます。
2　地粉と塩を加え、よく混ぜる。
3　菜種油（分量外）を塗った天板に、2 をアイスクリームスクープですくって並べ、180℃に予熱したオーブンで 25 〜 30 分焼く。

「玄米がゆ」のつくり方

材料　2 カップ分
玄米……1 カップ
水……7 カップ
塩……小さじ 1/2

つくり方
1　玄米を鍋に入れて中火にかけ、少しふくらんで薄いキツネ色になるまでからいりする。
2　水と塩を加え、フタをして中火にかける。沸騰したら弱火にして 1 〜 1 時間半炊き、火を止めて 15 分むらす。

Rice porridge

INGREDIENTS ✼ (400ml porridge)
200ml　　Brown rice
1.4 litre　　Water
½ tsp　　Salt

METHOD
● Roast the brown rice in a saucepan over a medium heat until slightly expanded.
● Bring rice, water and salt to a boil. Reduce heat and simmer with lid on for 1 to 1 and a half hours. Turn off heat and let sit for 15 minutes.

Okayu bread

INGREDIENTS ✼ (8 portions)
400ml　　Rice porridge (cooled)
400ml　　Unbleached white flour
½ tsp　　Salt

METHOD
● Combine rice porridge, flour and salt and knead well.
● Apportion with an ice cream scoop and place balls on an oiled baking tray.
● Bake for 25-30 minutes at 180℃.

Okayu Bread

DECO
発酵させないのにフワッとして、
塩味なのに
玄米の素朴な甘みが感じられる、
すごくおいしいパン。
平らにならして焼いて、
切って食べてもいいよ。
お鍋で炊く、身体にやさしい玄米がゆは、
つくり方を覚えて日常に役立ててね。

マクロビオティック パンとおやつの材料

本書のレシピで使用した食材の中から、一般的にはあまりなじみのないものや私がいつも使っているお気に入りの食材を紹介します。
手に入りにくいものの入手先はp.110をご覧ください。

★地粉
要するに、小麦粉のことです。薄力粉、中力粉、強力粉があります。ポストハーベストの問題もあり、「身土不二」というなるべく地元のものを食べていただきたいという考えに基づいて、国内産小麦粉のことを総称して「地粉」と表現しています。(A)(B)(C)

★強力粉
粉の中でも、グルテン値が高い、つまり、粘りがある粉のことです。パンづくりに向いています。このほかに、うどんづくりに向いた中力粉、ケーキづくりに向いた薄力粉などがあります。「安全で、おいしく、無駄がない」がモットーで「微妙なできあがりの差」にこだわらない私は、強力粉と中力粉の間くらいの『南部地粉』(A)を割安な大袋で買って、パンもうどんも天ぷらもケーキもクッキーも、それを使っています。とにかく、無農薬で、無漂白で、無添加で、味わいのある新鮮な国内産の小麦粉でつくると、何でもおいしくなっちゃいます。

★完全粉（全粒粉）
完全粉と全粒粉は、メーカーによって表示が違うだけで、同じものです。外皮がついたままひいた粉なので、ミネラルもビタミンもたっぷり。完全粉を入れるとパンもお菓子も素朴で元気な感じに仕上がります。でも、割合を多くしすぎると、ゴワゴワで重い感じになるので要注意。製品によって、外皮の割合や細かさなどが異なるので、自分の好みの完全粉を見つけましょう。(A)(B)

★玄米粉
玄米を粉にしたものですが、わらべ村の『リブレフラワー』は、玄米を焙煎して微粉末にしてあるので、消化吸収がいいのが特徴で、シチューやホワイトソースをつくるときでも、だまにならず、使い勝手がよい粉です。本書のp.14、p.22のレシピではこれを使用しています。ただし、お団子などにはコシのある通常の玄米粉が向いています。(A)

★もち米・もち玄米・黒米など、もちきび・もちあわ・精ひえなど
「この本は"パンとおやつの本"なのに、それはないでしょ」って思うかもしれないけれど、マクロビオティックではできるだけ「米、雑穀などの穀物中心の食事」をおすすめしていて、甘いものやオーブンで焼く粉類は時々楽しむ程度にするというのが基本です。だから、この本でも玄米や古代米、雑穀を使ったもの、甘くないおやつをできるだけ数多く紹介しています。でも、大変だったら、頑張ってつくらなくてもいいんです。子どもが「おなかがすいた！」って言ったとき、パッとおむすびをにぎってあげれば、それで十分。それが、一番賢いお母さんじゃないかな。(A)(B)

★ごまペースト（練りごま・タヒニ・ごまバター）
これらは、ごまを油が出るまでよくすってペースト状にしたものです。呼び方が違いますが、同じものです。でも、製品によって、味、粘りがかなり違うので、使用目的に合ったもの、好みのもの、そして、砂糖や添加物が入っていないものを選ぶといいですね。(A)(B)(C)

★葛粉
野生の葛の根から採取した本葛粉を選んでください。整腸作用があるので、スープやお総菜やデザートにとろみをつけたり、固めたりするときに日常的に使うといいでしょう。子どもの発熱時に、りんごジュースの葛練り、大人の風邪のひき始めに、梅干しとしょうがとしょうゆを入れた葛練りが役に立ちます。(A)(B)

★寒天
海藻の天草からつくられています。棒寒天、糸寒天、粉寒天、寒天フレークなどがあります。棒寒天は1本で約3カップの水分が固まりますが、オレンジジュース等、酸味の強いものは固まりにくいということを計算に入れて、使ってください。棒寒天1本は寒天フレークで大さじ3ぐらいに換算できます。商品によって使用量が違うので表示をよく見て使いましょう。

★ベーキングパウダー
できれば多用は避けたい食品です。使用するときは、アルミニウムの入っていないものを選びましょう。（A）

★市販の天然酵母
一番手に入りやすいということでホシノ天然酵母を紹介しましたが、ほかにも、AKO天然酵母、白神こだま酵母、ノヴァの天然酵母等、いろいろな天然酵母の種が売られています。それぞれに特徴があり、使い勝手も違います。興味のある方は、使い比べてみるとおもしろいかも。（C）

★キャロブパウダー
いなご豆のさやを粉にしたもので、使用感はココアパウダーそっくりですが、ココアに比べて味はまろやかで、鉄分や繊維も豊富で低カロリー・低価格。カフェインも含まないので刺激が少なく、小さな子どもが食べるおやつにも安心して使用できます。（A）

★ココナツクリーム・ココナツミルク・ココナツパウダー
ココヤシの実の果肉からとれます。ほんのり甘く、お菓子や料理の甘み・風味づけによく使われます。オーガニックのものを選びたいですね。本書で使用しているココナツパウダーは、わらべ村の『ココナツパウダー（ミディアム）』です。（A）

★玄米ポンセン
玄米を生のまま専用の機械にかけて、はじけさせ、円盤状または四角く固めたお菓子です。もちろんこのまま食べてもOK。軽い朝食にも小さな子どものおやつにもよいです。アメリカでは、ライスクラッカーと呼ばれて、普通のスーパーでも手ごろな値段で売られています。

★ピーナツバター
ピーナツをペースト状にしたものです。やはり、砂糖や乳化剤等が添加されていないものを選びたいですね。私のお気に入りは、わらべ村の『ピーナツバター クランチタイプ』。（A）

★穀物コーヒー
玄米コーヒー、たんぽぽコーヒー、ヤンノーコーヒー、ノーカフ（A）、黒いり玄米、ブラックジンガーなど、いろんな種類のノンカフェインのコーヒー風ドリンクが売られています。それぞれ、なかなかおいしいです。本書のレシピでは『ノーカフ』を使っています。コーヒーの代用品としてだけでなく、飲み物のバリエーションのひとつとして、生活に取り入れていくといいかも。

★米あめ
水あめの1種で、ほかの甘みに比べて、味もやさしく身体にもやさしいです。水あめには玄米水あめ、きび水あめ、ハトムギ水あめ、麦あめなどいろいろな種類があります。わらべ村で扱っている『玄米水飴』は、湯せんする必要もなく、使いやすいので、気に入っています。（A）

★てんさい糖
てん菜（ビート）が原料の甘みです。寒い地方の根菜からとれ、南国でしか育たないサトウキビよりも身体を冷やさないので、甘みとして時々使っています。（B）

★メープルシロップ
サトウカエデの樹液を煮つめてつくったシロップです。質のいいものは、香りも味もすばらしいです。北の地方の樹木からとれたものなので、どちらかというとはちみつよりメープルシロップを使うようにしています。どちらにしても、必要以上にとりすぎないよう気をつけましょう。（A）

★りんごジュース・オレンジジュース
フルーツジュースは、しぼりたてがよいに決まっていますが、買う場合は濃縮果汁還元でないもの、できればオーガニックのストレート果汁を選びたいです。おいしさや甘さが全然違います。そのままで、やさしい甘みとしておやつに使えます。（A）（C）

★玄米甘酒
玄米がゆを発酵させてつくった身体にやさしい甘みです。薄めて飲んだり、お菓子の甘みにしたり、使い方いろいろ。しかも、玄米と麹と炊飯器があれば、手づくりするのは意外と簡単。トライしてみてね。

★バニラエクストラクト
市販のバニラエッセンスは、薬品を使って抽出し、化学香料が添加されています。できるだけナチュラルなバニラエクストラクトを使いましょう。香りがやさしく、入れすぎても苦くありません。(A)

★塩
化学塩でなく、なるべく自然海塩を使いましょう。というのはもちろんですが、自然海塩といっても最近はいろんな種類があって、迷いますよね。漬け物やゆでるときに使うリーズナブルな塩と、おむすびや味つけに使うちょっといい塩を分けたり、岩塩や焼き塩で変化をつけたり、工夫するのも楽しいですよね。

★オリーブオイル
オーガニックでコールドプレスのエクストラバージンオイルの『オルチョサンニータ』(D)というオリーブオイルを気に入って使っています。これを使うと、どんな料理もおいしくなるので、助かっています。みなさんも、自分のお気に入りを見つけてみてね。

★菜種油
私は、玉締め圧搾法でしぼり、和紙でろ過した平出さんの菜種油(E)を気に入って使っています。味、香りもさることながら、色が美しいので、ケーキなど、卵を使わずとも、薄く黄みがかった色に仕上がり、きれいです。

★本みりん
ウチでは、角谷文治郎商店の『三州三河みりん』というとってもおいしいみりんを使っています。(F)

食材提供

A　わらべ村
〒505-0051　岐阜県美濃加茂市加茂野町鷹之巣342
TEL.0574-54-1355　http://www.warabe.co.jp
自然食品、自然素材雑貨などの流通・販売を行っている。サイトでの通信販売も可能。

B　ムソー株式会社
〒540-0021　大阪市中央区大手通2-2-7
TEL.06-6945-0511　http://www.muso.co.jp
「無双原理」の基本理念のもと、マクロビオティックの食材の流通・販売を行っている。

C　大地を守る会（大地宅配）
〒182-0011　東京都調布市深大寺北町2-13-1
TEL.0120-158-183　http://www.daichi.or.jp
有機野菜、無農薬野菜や無添加食品などを扱う会員制宅配サービス。

D　アサクラ
〒965-0861　福島県会津若松市日新町10-29
TEL.0242-27-2688　http://www.orcio.jp
イタリア・カンパーニャ州ベネヴェントのジョバンナー家がつくるエクストラバージン・オリーブオイル『オルチョサンニータ』の輸入・販売を行っている。

E　平出油屋
〒965-0851　福島県会津若松市御旗町4-10
TEL.0242-27-0545
昔ながらの「玉締め圧搾法」により搾油し、和紙筒によるろ過によって抽出した菜種油・ごま油を製造・販売している。

F　角谷文治郎商店
〒447-0843　愛知県碧南市西浜町6-3
TEL.0566-41-0748　http://www.mikawamirin.com
伝統的な醸造法を受け継ぎ、純もち米仕込みの濃醇な味わいのある本格みりん『三州三河みりん』を製造・販売している。

Index 索引

あ
- アップルクリスプ……10
- アップルスパイスパウンドケーキ……8
- アップルパイ……6
- あんまんと野菜まん……95
- いちご大福……22
- いちごのアイスクリーム……57
- いちごのショートケーキ……60
- 梅あめ、レモンあめ、きなこあめ……41
- おかゆパン……107
- おから抹茶ケーキ……46
- おはぎ……18
- おやき……24

か
- 柿ともちきびのパイ……33
- 柑橘のゼリー……45
- きなこババロア……39
- キャロブケーキ……62
- グラノーラ……38
- グリッシーニ……83
- 黒米がゆ ココナツソースがけ……26
- 黒米ずんだ団子……17
- 玄米入りワッフル……29
- 穀物コーヒーゼリー……50
- ココナツ入りもちあわドーナツ……34
- 小松菜ともちきびのマフィン……100
- コーンブレッド＆サルサソース……97

さ
- 桜もち……22
- さつまいも入り蒸しパン……105
- シトラスブレッド……74
- シナモンロール……85
- じゃがいもとローズマリーのピザ……87
- スイートポテト……12
- スコーン（完全粉入りスコーン、ココア入りスコーン）……103
- そば粉のクレープ……61

た
- ティラミス……52
- デコのスペシャルマフィン……99
- 豆乳カッテージチーズ……77

な
- ナン……89
- にんじんのマフィン……101
- ぬかチョコナッツバー……38

は
- バナナケーキ……50
- パン・ド・カンパーニュ……72
- パンプキンパイ……14
- ひえと杏のケーキ……32
- ピタパン＆ハモス……91
- ピーナツバタークッキー……43
- フォカッチャ……81
- プチパン……70
- フルーツパフェ……56
- プルーンナッツバー……42
- ベーグル（よもぎベーグル、ごまベーグル）……77
- ポンセンクリーム……56

ま
- 水ようかん……44
- みたらし団子……47
- もち米とバナナのタイ風ちまき……28

ら
- ライ麦パン……93
- りんごジャム……103
- レーズンあん……18
- レーズン＆ナッツパン……79

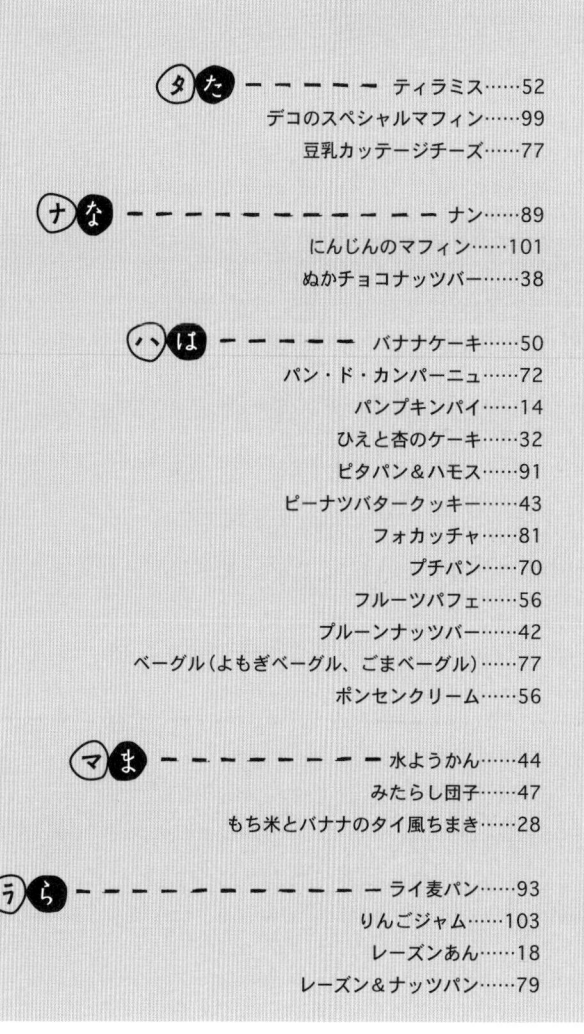

撮影／広瀬貴子
スタイリング／中里真理子
企画／elmer graphic
編集／丹治亮子
ブックデザイン／鈴木みのり (elmer graphic)
DTP／沖増岳二 (elmer graphic)
モデル／安海　民人　彦
料理製作アシスタント／
中島智征　牧原淳子　加藤万季　沖原笑子
料理協力／舟橋まり
レシピ翻訳／堀江恭史
翻訳協力／Janet Scott　Lenka Voštova'
Dustin Leavitt　Kyle Dickason
翻訳校正／井上佳子
Thanks／浦田桂弥　中島子嶺麻　中島舞宙音
緒方俊介　柳沼憲治　Sarah Roued Thomsen
Lulas Christensen　Rebecca Yasuda
Joshu Zima　Wendy Goodbun
紗希　修作　絵平　中島寧泳
クロベエ　りんご姫　ミルク　パパイヤ
Special Thanks／Everett Kennedy Brown

中島デコのマクロビオティック　パンとおやつ

2005 年 7 月11日　第 1 刷
2018 年 1 月28日　第 11 刷

著　者　中島デコ
発行人　井上　肇
編　集　堀江由美
発行所　株式会社パルコ
　　　　エンタテインメント事業部
　　　　東京都渋谷区宇田川町 15-1
　　　　03-3477-5755
　　　　http://www.parco-publishing.jp
印刷・製本　図書印刷株式会社

© 2005 DECO NAKAJIMA
© 2005 PARCO CO.,LTD.
無断転載禁止
ISBN978-4-89194-710-1　C2077

Index

NOTES ON MEASUREMENTS

On volume:
To avoid a confusion between the 200ml measuring cup and the larger 8 oz cup used in the U.S. and some other countries, the volumes of the ingredients are indicated in metric.

On temperature conversion:
The temperatures in the recipes are indicated in degrees Celsius, which are used in Japan.
Some readers may need to convert to Farenheit. To convert °C to °F, multiply by 1.8 and add 32. (E.g., 200°C converts to 392°F).

On using agar-agar:
The "agar-agar" used in jellies and some cakes in these recipes is "bar" variety.
If you use "flake" variety, 3 tablespoons can substitute for 1 bar, as both generally combine with 600 ml liquid.
To ensure accurate results, follow instructions on the package.

- Apple Crisp ······ 10
- Apple Jam ······ 102
- Apple Pie ······ 6
- Apple Spice Cake ······ 9
- Azuki Raisin Buns and Veggie Buns ······ 94

- Bagel [Sesame, Yomogi & Azuki] ······ 76
- Banana Cake ······ 48
- Banana Chimaki ······ 27
- Black Rice Dumplings with "Zunda" Filling ······ 17
- Black Rice Pudding with Coconut Sauce ······ 26
- Brown Rice Waffles ······ 29
- Buckwheat Crèpes ······ 61

- Candies [Ume, Lemon, Soy Flour] ······ 40
- Carob Cake ······ 62
- Carrot Muffins ······ 101
- Cinnamon Roll ······ 85
- Citrus Bread ······ 74
- Citrus Fruit Starter ······ 74
- Citrus Jelly with Tofu Cream ······ 45
- Coffee Jelly ······ 49
- Corn Bread ······ 96

- Daifuku ······ 20
- Deco's Special Muffins ······ 99

- Focaccia ······ 81
- Fruit Parfait ······ 54

- Granola ······ 36
- Grissini ······ 82

- Komatsuna and Millet Muffins ······ 100

- Millet and Apricot Cake ······ 30
- Millet and Coconut Doughnuts ······ 35
- Mitarashi Dango ······ 47
- Mizuyokan Jelly ······ 44

- Nan Bread ······ 89

- Ohagi ······ 19
- Okara and Green Tea Cake ······ 46
- Okayu Bread ······ 107
- Oyaki ······ 24

- Peanut Butter Cookies ······ 43
- Persimmon and Millet Pie ······ 31
- Petit Rolls ······ 70
- Pita Bread ······ 90
- Pizza ······ 86
- Prune and Nut Bars ······ 42
- Pumpkin Pie ······ 14

- Raisin and Nut Bread ······ 78
- Raisin Campagne ······ 72
- Raisin Starter ······ 72
- Rice and Yam Starter ······ 70
- Rice Bran Chocolate Bars ······ 37
- Rice Porridge ······ 107
- Rye Bread ······ 92

- Sakura Mochi ······ 21
- Salsa ······ 96
- Scones [Multigrain, Cocoa] ······ 102
- Soy Cottage Cheese ······ 76
- Soy Flour Bavarois ······ 39
- Steamed Bread with Sweet Potato ······ 105
- Strawberry Cake ······ 58
- Strawberry Tofu Ice Cream ······ 55
- Sweet Potatoes ······ 12

- Tiramisu ······ 52